U1013006

少林秘传绝技丛书（二）

少林大力金刚功

刘霓　著

人民體育出版社

图书在版编目（CIP）数据

少林大力金刚功 / 刘霓著. -- 北京 : 人民体育出版社, 2020 (2025.9重印)
（少林秘传绝技丛书. 二）
ISBN 978-7-5009-5905-2

Ⅰ. ①少… Ⅱ. ①刘… Ⅲ. ①少林武术－气功 Ⅳ. ①G852.6

中国版本图书馆CIP数据核字(2020)第235212号

少林大力金刚功

刘霓　著
出版发行：人民体育出版社
印　　装：北京新华印刷有限公司

开　本：880 × 1230　32开本　　印　张：9.5　　字　数：227千字
版　次：2020年11月第1版　　印　次：2025年9月第3次印刷
书　号：ISBN 978-7-5009-5905-2
印　数：4,501—6,300册
定　价：36.00元

版权所有 · 侵权必究
购买本社图书，如遇有缺损页可与发行与市场营销部联系
联系电话：（010）67151482
社　　址：北京市东城区体育馆路8号（100061）
网　　址：https://books.sports.cn/

参编人员

高　翔　　丁亚丽　　高　飞

郭成敏　　高　绅　　李梦瑶

总 序

2017年1月25日，中共中央办公厅、国务院办公厅印发了《关于实施中华优秀传统文化传承发展工程的意见》（以下简称《意见》），并发出通知，要求各地区各部门结合实际认真贯彻落实，体现了党和政府对中华优秀传统文化的重视。

在国民教育方面，《意见》提出：加强中华优秀传统文化相关学科建设，重视保护和发展具有重要文化价值和传承意义的“绝学”、冷门学科。在保护传承文化遗产方面，《意见》提出：推动民族传统体育项目的整理研究和保护传承。

中华武术有着几千年的发展历史，是中华民族在社会实践中创造的宝贵财富，是中华文化的重要组成部分。少林武术作为中华传统武术的优秀代表，其秘传绝技与武学秘籍一直是武术爱好者竞相学习和研究的对象。目前在国家的重视下，少林武术发展形势良好，但也存在可供学习的少林武术书籍相对较少的问题，因此，需要对少林武术的相关技艺进行整理出版，使中华武术进一步发扬光大。

《少林秘传绝技丛书》应运而生。本系列丛书依据“健康第一”的教育理念和“便于传承与发展”的要求，邀请有关专家参与编写，披露了少林武术的多种秘法绝艺。先期出版的有《少林点穴绝技》《少林擒拿绝技》《少林擒跌绝技》《少林短打绝技》《少林腿法绝技》《少林古传擒拿与点穴》《少林古传技击术》《少林八段锦古传秘功》《少林易筋经古传秘功》等12本，第二辑包含《少林秘传童子功》《少林古传养生法》《少林秘传五禽功》等9本。这套丛书既可作为武术爱好者学习研究的参考用书，也可作为各级各类武术教员的教学用书。

本系列丛书注重图文并茂，避免抽象化和纯理论化，意在提高现代武术爱好者的学习兴趣；立足于理论联系实际，突出学以致用要则；力求简洁明晰，便于阅读，便于练习。当然，不足之处在所难免，欢迎读者批评指正，以利今后进一步充实与完善。

内容提要

大力金刚掌，是少林派一种专练掌上大力的上乘功法。此功内外兼修，先内后外，由内及外，使双掌练出刚硬、强劲、惊人、难挡的巨大力量。一旦练成，可折木断砖，开石屈铁。

大力金刚虎爪功，少林绝技之一，内外兼修，软硬兼具，非常实用。功成之后，爪力所到，捏可碎酒杯、撕可脱树皮等，令敌胆寒。

大力金刚浑元硬气功，一种非常独特、优秀的少林功夫。此功兼练多部，可打可防。一旦有成，则不畏敌打，且打可伤敌，乃武功真传。

大力金刚护体硬气功，养运结合，安全可靠，功效显著，系统全面，既可强筋壮骨，增益气力，提高体能，又可抗打抗击。

目　录

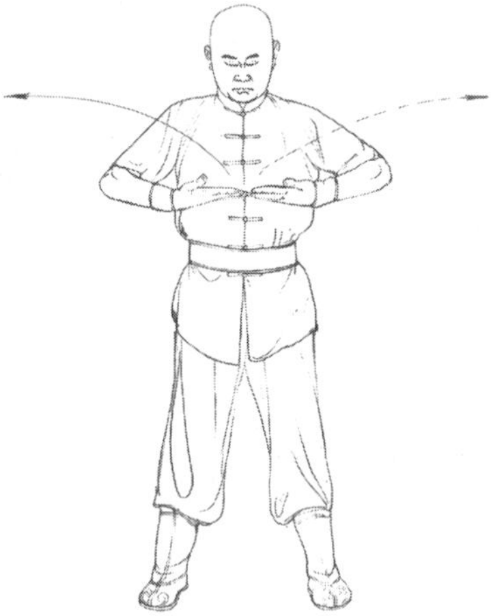

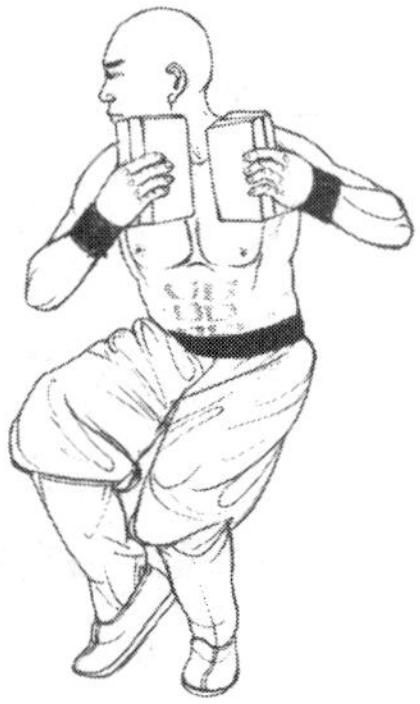

第一章

秘传大力金刚掌

大力金刚掌，是少林派一种专练掌上大力的上乘功法，一旦练成，可折木断砖、开石屈铁，令敌胆寒。

大力金刚掌虽威震武林，但练法很多，境界各一。本功属首次披露，编者结合练功与教学经验，以易学、养生、自卫为指导要则，借鉴多派掌功精华，融汇方成。

本功分内功金刚掌与外功金刚掌两种，内外兼修，先内后外，由内及外，使双掌练出刚硬、强劲、惊人、难挡的巨大力量。

第一节　内功金刚掌

一、金刚贯气

【练法】

1. 选择空气清新的地方，两脚平行站立，与肩同宽；双掌垂放体侧，含胸拔背；下颌微收，舌顶上腭，闭唇合齿；排除杂念，集中精神，以鼻呼吸，呼吸自然。静站一两分钟。（图1-1）

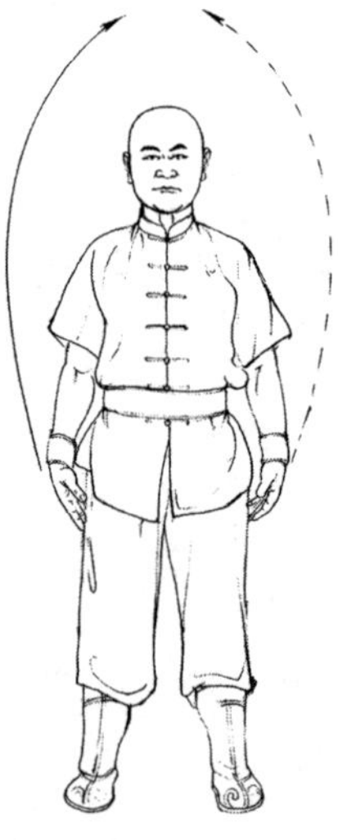

图1-1

2. 双掌缓缓弧形上划，过头顶至两肩上方成抱球状；同时，缓缓吸气。（图1–2）

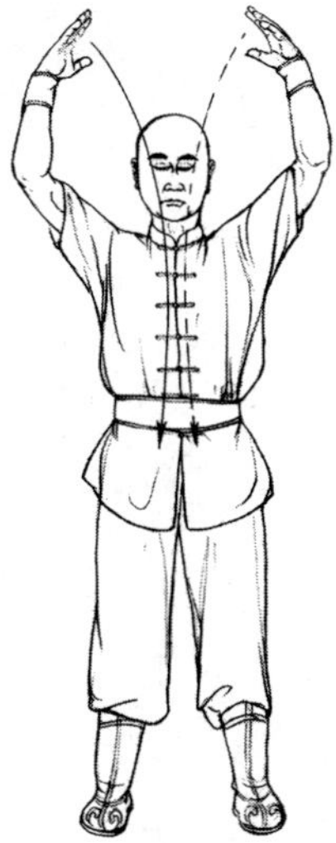

图1–2

3. 双掌缓缓下按至小腹前；同时，缓缓呼气。（图1–3）

4. 贯气动作完成后，双掌虎口相交，左手在内，捂在丹田（小腹）上。意守丹田，慢吸慢呼，练习10分钟。（图1–4）

图1–3

图1–4

二、金刚开山

【练法】

1. 下蹲，成低马步；两前臂分别落于左右大腿上，掌背放于膝上，掌心向上；同时，缓缓吸气。（图1-5）

图1-5

图1-5附图

2. 缓缓起身；双掌似捧千斤重物，缓缓上托，掌指分开；同时，缓缓呼气。至全身直立时，将气呼完。（图1–6）

图1–6

图1–6附图

3. 双掌缓缓里抓，变成虎爪（爪心向上），随即向肩后用力抓出（爪心向下），高与肩平，屈臂挑肘；同时，缓缓吸气。（图1-7、图1-8）

图1-7

图1-8

图1-8附图

4. 然后，身体缓缓下蹲，成马步；双拳变掌缓缓向前下甩劈，掌心相对，指尖向前，位于两腿之间；同时，缓缓呼气。（图1–9）

图1–9

图1–9附图

三、金刚推山

【练法】

1. 承前势，两掌缓缓翻转，掌心向上，指尖相对；同时，缓缓吸气。（图1–10）

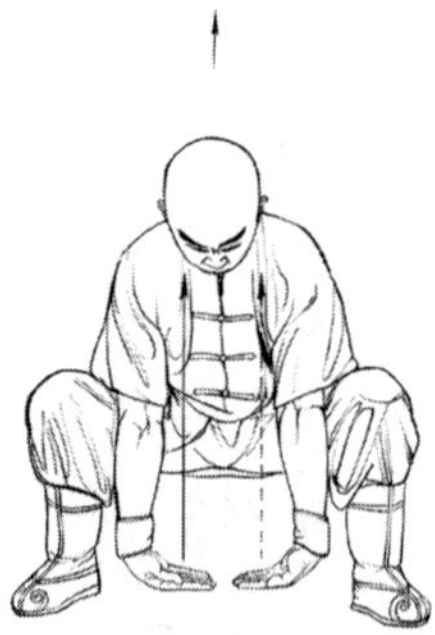

图1–10

2. 吸气不停；缓缓起身；两掌缓缓上提至心窝。当全身直立时，气刚好吸满。（图1-11）

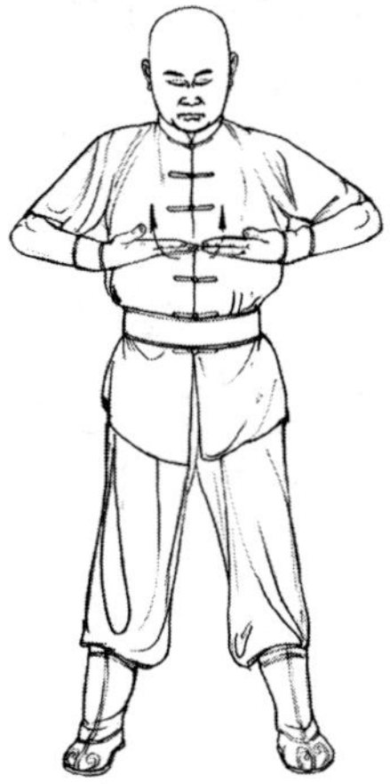

图1-11

3. 转掌，掌心向前，指尖向里，向前缓缓推出；同时，缓缓呼气。（图1-12）

图1-12

图1-12附图

4. 双掌缓缓分展左右，一字平肩，虎口向下，掌心向后；同时，缓缓吸气。（图1–13）

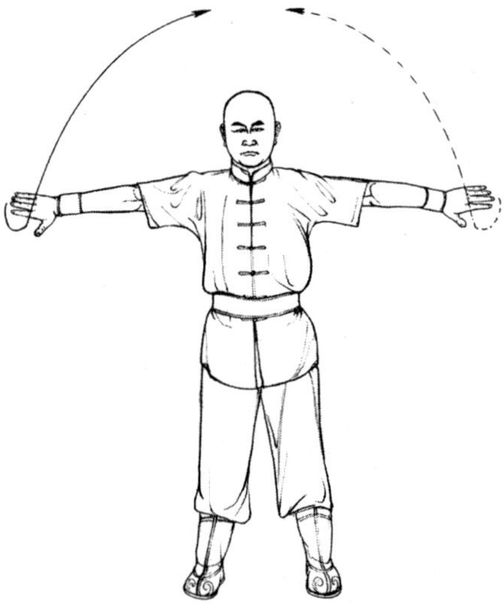

图1–13

5. 吸气不停；双掌转腕，掌心向上，向头顶上方弧形上划。当气吸满时，双掌过头顶至两肩上方成抱球状。（图1-14）

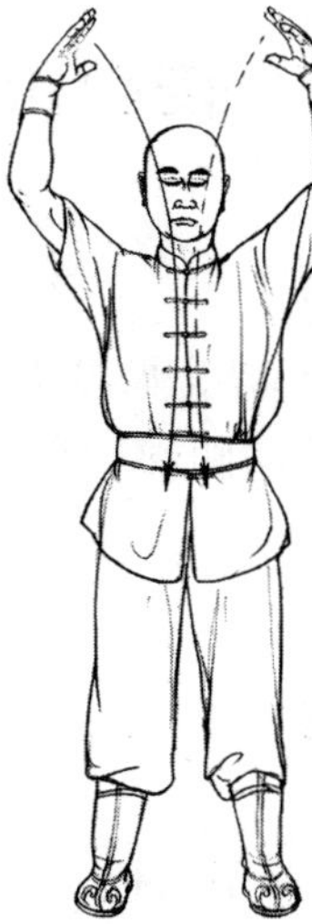

图1-14

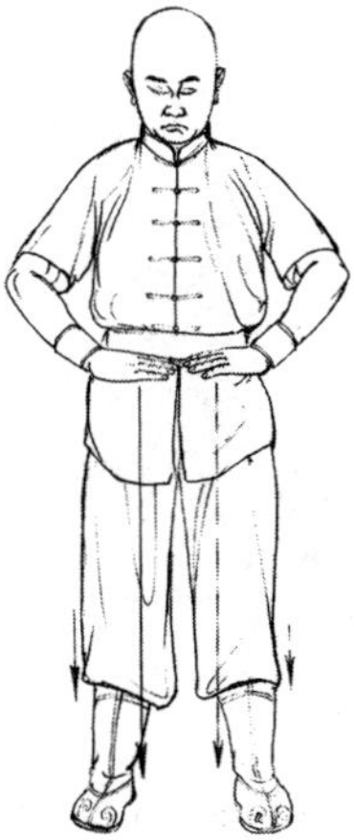

图1-15

6. 双掌缓缓下按至小腹前；同时，缓缓呼气。（图1-15）

四、金刚担山

【练法】

1. 承上势，两掌缓缓下按，指尖相对，掌心向下，至与两脚踝相平；两腿缓缓屈膝下蹲，成低马步；同时，缓缓吸气。先低头俯视双掌，继昂首目视前方。（图1–16、图1–17）

图1–16

图1–17

2. 两掌缓缓翻转，掌心向上，指尖相对，沿身前上提；缓缓起身；同时，缓缓呼气。当两掌提至心窝时，气刚好呼完。（图1-18）

3. 姿势不动，缓缓吸气至满。随即转掌，使掌心向外，双掌缓缓向左右两侧分推而出；同时，缓缓呼气。（图1-19）

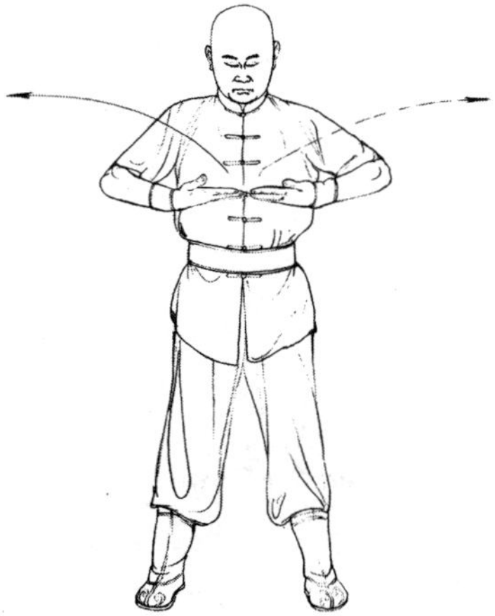

图1-18

图1-19

4. 双掌转腕，掌心向上，向头顶上方缓缓上划；同时，缓缓吸气。气满时，双掌过头顶至两肩上方成抱球状。（图1-20）

5. 双掌缓缓下按至心窝；同时，缓缓呼气。（图1-21）

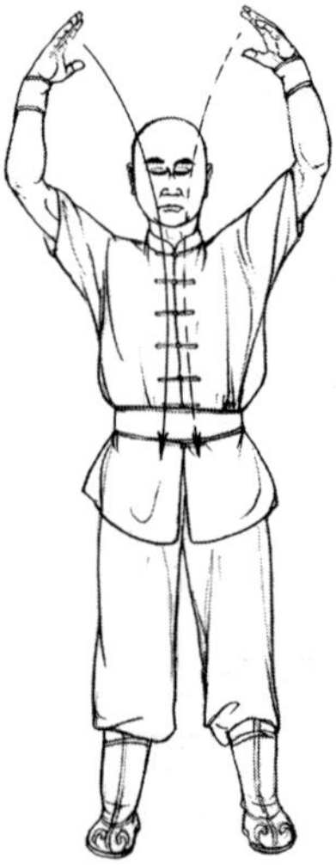

图1-20

图1-21

五、金刚涉水

【练法】

1. 承上势，两掌下按，指尖相对，掌心向下，至与两脚踝相平；同时，两腿屈膝下蹲，成低马步；缓缓吸气。先低头俯视双掌，继昂首目视前方。（图1-22、图1-23）

图1-22

图1-23

2. 两掌翻转，掌心向上，指尖相对，沿身前上提至心窝；缓缓起身；同时，缓缓呼气。（图1–24）

图1–24

3. 姿势不动，缓缓吸气至满。随即转掌，掌心向下，双掌缓缓向左右腰侧后下方推出；同时，缓缓呼气。（图1–25）

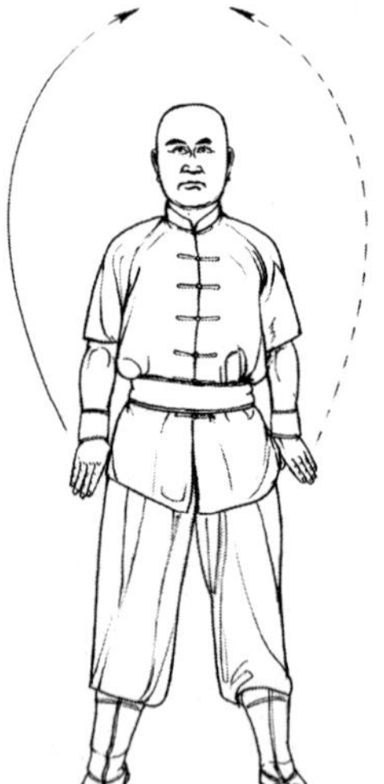

图1–25

图1–25附图

4. 双掌缓缓向左右分转，掌心向上，向头顶上方弧形上划；同时，缓缓吸气。气满时，双掌过头顶至两肩上方成抱球状。（图1–26）

5. 双掌缓缓下按至小腹前；同时，缓缓呼气。（图1–27）

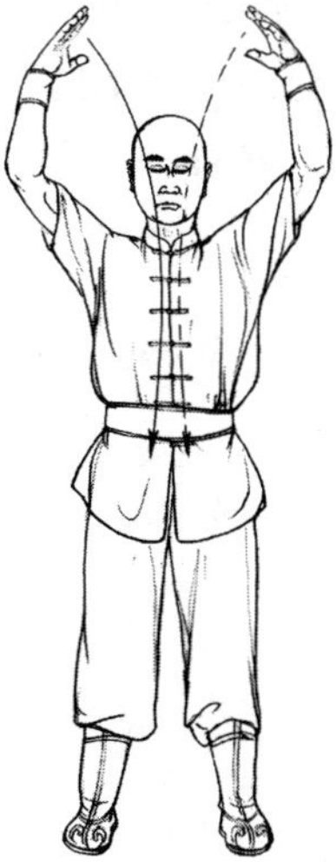

图1–26

图1–27

六、金刚举鼎

【练法】

1. 承上势，两掌下按，指尖相对，掌心向下，至两膝里侧；两腿屈膝下蹲，成马步；同时，缓缓吸气。（图1–28）

2. 两掌翻转，掌心向上，指尖相对，沿身前上提至心窝；缓缓起身；同时，缓缓呼气。（图1–29）

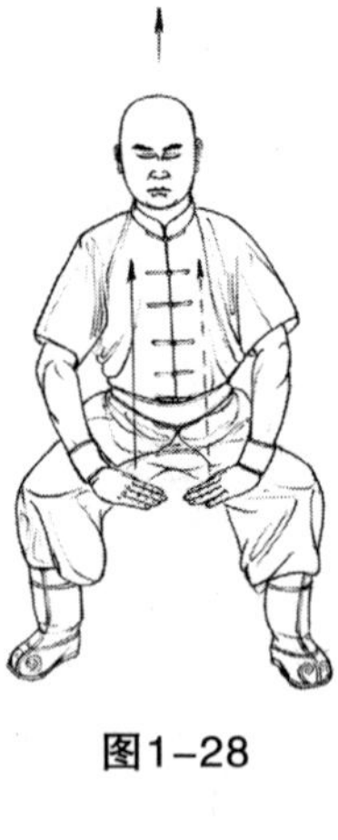

图1–28

图1–29

3. 姿势不动，缓缓吸气至满。随即转掌，掌心向上，双掌缓缓向头顶上方推举，指尖向后；同时，缓缓呼气。（图1-30）

4. 双掌转腕，掌心相对，掌心内含，十指微屈；同时，缓缓吸气。气满时，双掌对肩于头顶上方成抱球状。（图1-31）

5. 呼气，双掌缓缓下按至小腹前；同时，缓缓呼气。（图1-32）

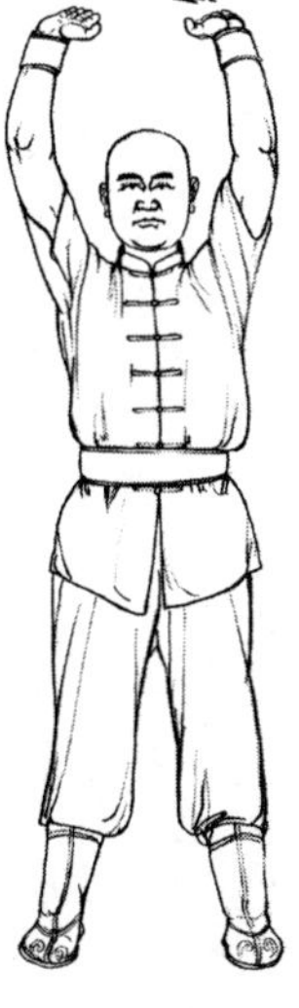

图1-30

图1-31

图1-32

七、金刚扎桩

【练法】

1. 承上势，两掌下按，指尖相对，掌心向下，至与两脚踝相平；两腿屈膝下蹲，成低马步；同时，缓缓吸气。（图1–33）

2. 两掌翻转，掌心向上，指尖相对，沿身前上提至心窝；缓缓起身；同时，缓缓呼气。（图1–34）

图1–33

图1–34

3. 姿势不动，缓缓吸气至满。随即转掌，使掌心向下，双掌缓缓向下、向外推出，高与膝平；双腿缓缓下蹲，成马步；同时，缓缓呼气。（图1–35）

4. 双掌左右分转，向头顶上方弧形上托，掌心向上，指尖向后；两腿缓缓起立；同时，缓缓吸气。（图1–36）

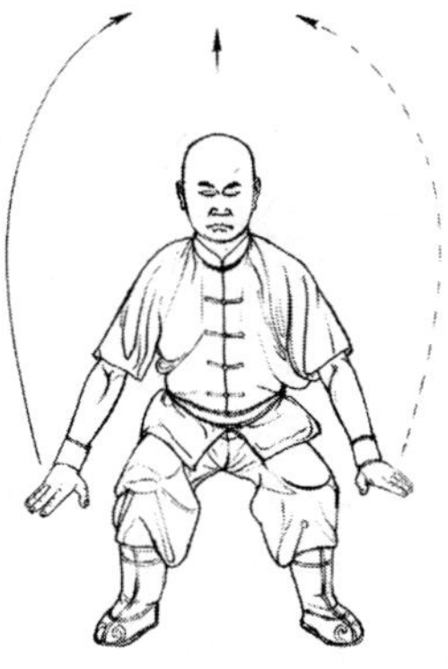

图1–35

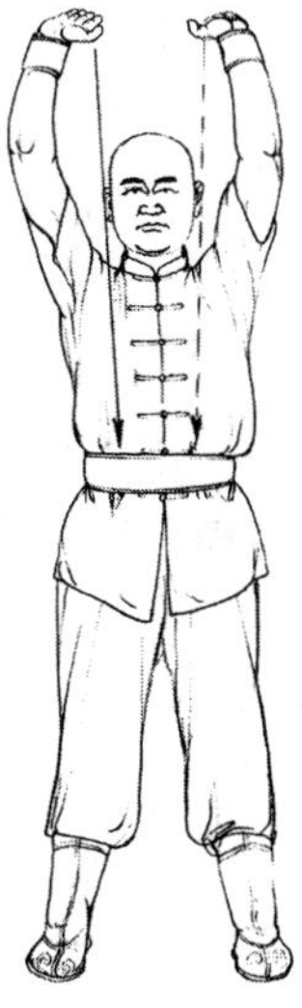

图1–36

5. 双掌缓缓下按至小腹前，分垂体侧；同时，缓缓呼气。（图1–37、图1–38）

图1–37

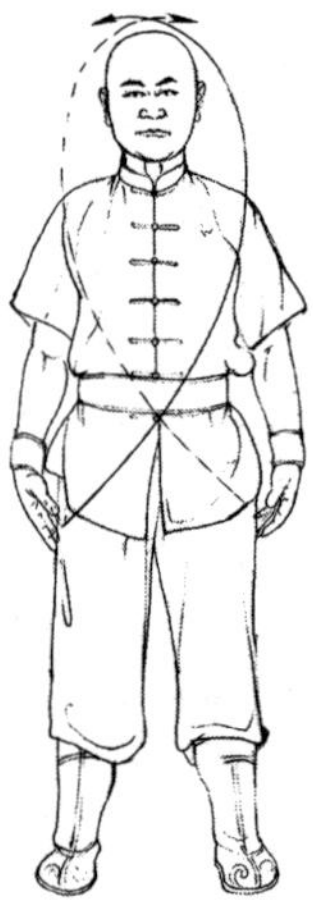

图1–38

八、金刚归位

【练法】

1. 两脚平行开立；两掌由体侧经身前向上交叉划弧，至与额平；同时，缓缓吸气。（图1–39）

2. 两掌分开向外下划，至与肩平，掌心向下，指尖向外；下蹲成马步；同时，缓缓呼气。（图1–40）

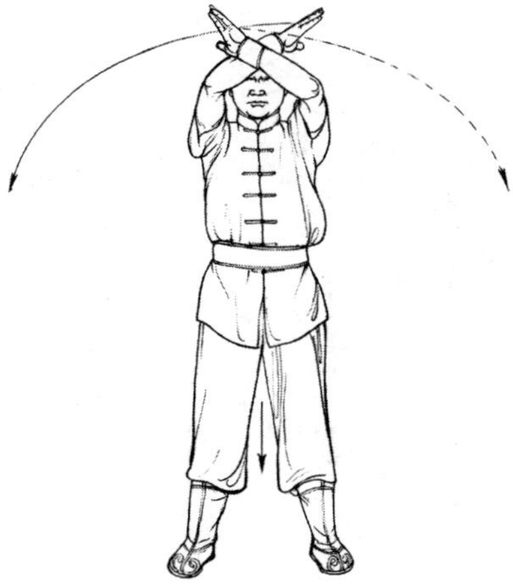

图1–39

图1–40

3. 双掌弧形向里下划，至小腹前成马步抱球状，指尖向下；同时，缓缓吸气。（图1–41）

4. 身体缓缓起立；双掌掌心向上，提至心窝；同时，缓缓呼气。（图1–42）

图1–41

图1–42

5. 缓缓翻掌，掌心向下，指尖相对；同时，缓缓吸气。（图1-43）

6. 双掌一齐缓缓下按至小腹前；同时，缓缓呼气。（图1-44）

7. 两掌分开，下垂体侧；全身放松，调匀呼吸。（图1-45）

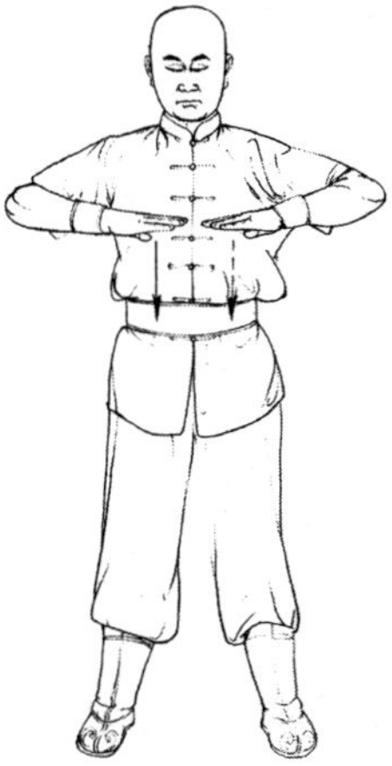

图1-43

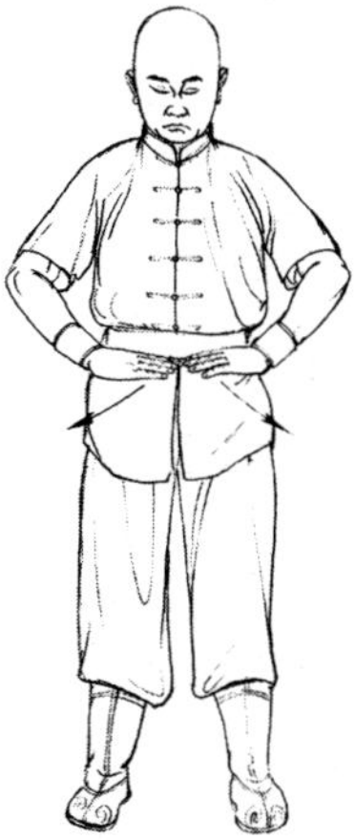

图1-44

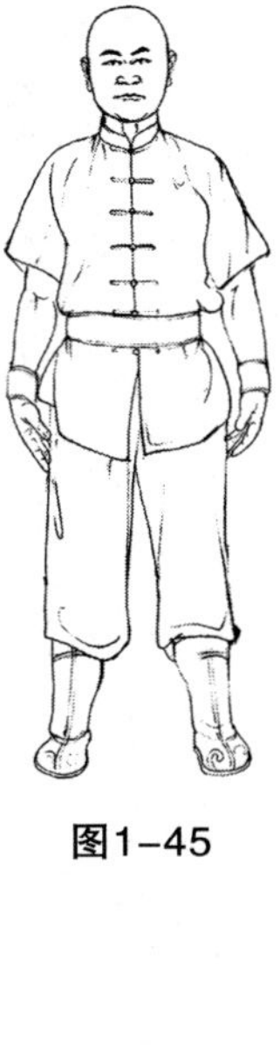

图1-45

九、抱鼎还丹

【练法】

1. 再练一次第一势“金刚贯气”。（图1–46）

2. 搓热双掌。（图1–47）

图1–46

图1–47

3. 擦脸、梳头。（图1–48 ~ 图1–50）

图1–48

图1–49

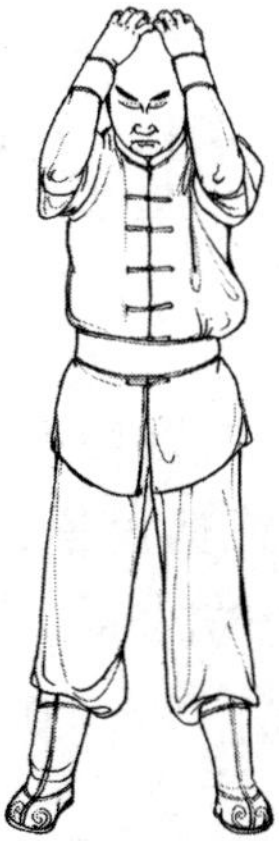

图1–50

4. 由上至下，拽拉摩擦两耳。（图1-51）

5. 揉按眼部诸穴。（图1-52）

图1-51

图1-52

6. 由上至下，轻轻拍打全身，然后走几步，收功。

【注意事项】

1. 过疲、过劳、过饥、过饱均不要练功。

2. 初练此功，身体会感觉很累，这是正常现象，大约坚持一个月后即可“换劲”，疲劳减弱，气力大增。

3. 此功除“金刚贯气”外，其他各势均要多练，次数自定，循序渐进。

4. 各势可单练，也可合练，练者自行选择，不必拘泥。

5. 呼吸与动作要协调一致，自然顺遂，不要憋气、努气，不要强使拙力。初练时，可不管呼吸，只练习动作，等练熟了再配合呼吸，使气劲合一。

6. 练习时，每当呼气时，可意想劲贯双掌，以此来提高功效，发挥潜能。

第二节　外功金刚掌

金刚掌的外硬大力功，用具简便，易于练习，功效显著，切合实战。

选坚实粗壮木桩，固定于地，上缠布条（以取外柔内刚，练求穿透力），或悬挂铁砂袋，依法操打。

一、起势

【练法】

面对木桩，并步正身而立；两掌由两侧向上合十胸前，指尖向上；头颈正直，下颌微收，肩部放松，含胸收腹；全神贯注，呼吸自然。（图1–53）

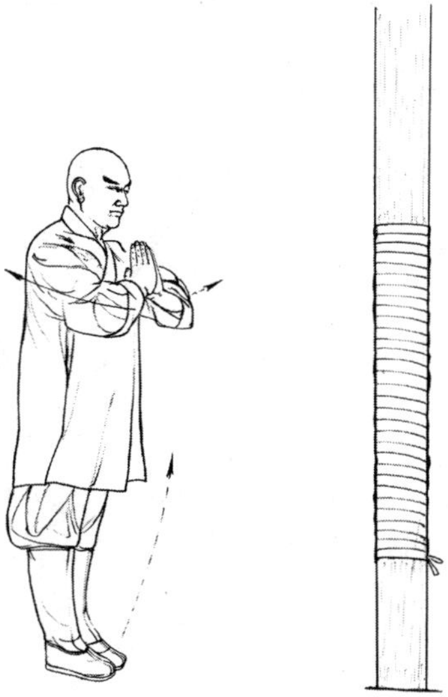

图1–53

二、甩掌

【练法】

1. 右脚微抬起，随即以全脚掌整劲下震地面；同时，左腿屈膝提起；两肘左右分展，抬起平肩，掌心向下，指尖于胸前相对，上体略右旋。（图1–54）

图1–54

2. 左脚向前落步，屈膝成左弓步；同时，左掌背甩击木桩，虎口向上，高与肩平；右掌屈臂置于右肩前。（图1–55）

3. 上体左旋，左掌收至胸前；同时，右掌背向前甩击木桩，指尖稍向左下，高与胸平。（图1–56）

图1–55

图1–56

三、横砍掌

【练法】

重心右移，左腿蹬伸，右腿屈膝，成横裆步；同时，右掌屈肘收至右肩前侧，掌心向下；左掌掌心向下，以掌外沿向左前抡臂横砍木桩，高与肋平。（图1-57）

图1-57

四、反砍掌

1. 重心左移，成左弓步；同时，右掌提腕垂指；左掌屈臂内收，随即以掌背向前上仰掌甩击木桩，掌心斜向上，高与鼻平。（图1–58）

2. 左脚向右半步，右脚迅疾经左腿后向左插步，随即身体下蹲；左掌向下、向左划弧，以掌外沿翻臂向后砍击木桩，掌心向下。（图1–59）

图1–58

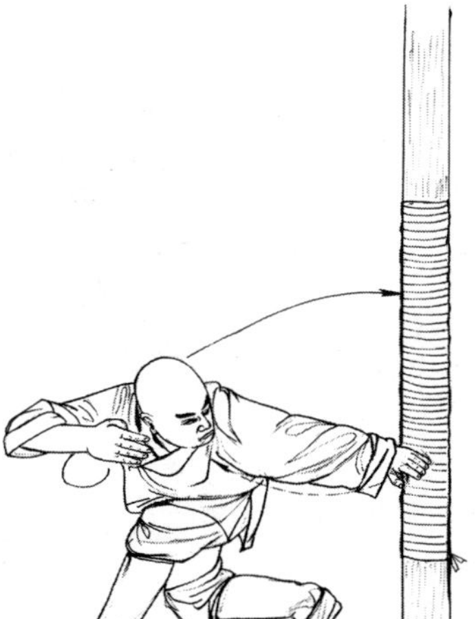

图1–59

五、回身砍掌

【练法】

1. 右前脚掌碾转地面，左脚跟碾转地面，上体右转，成马步；同时，左掌收至胸前；右掌由胸前随转身甩臂砍击木桩，力达掌棱，与肩同高。（图1-60）

图1-60

2. 左脚内收半步，立身；同时，右掌棱贴住木桩，发抖劲震击。（图1–61）

3. 上身略左旋，左掌屈臂上收胸前，掌心向下；同时，右掌划一小弧，向下反掌拍击木桩，高与腰平；扭头。（图1–62）

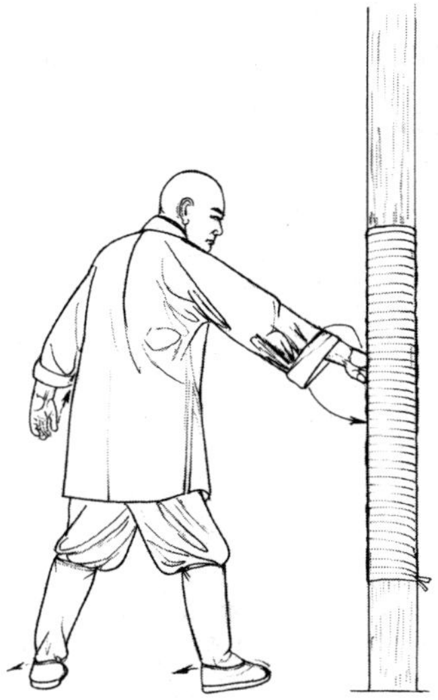

图1–61

图1–62

六、插推掌

【练法】

1. 右脚向左后退一步，右转身，左脚上步，成左弓步；同时，右掌内收向上变标掌，向前直臂插击木桩，高与肩平。（图1–63）

2. 动作不停，右掌内旋横架额前；同时，左掌以掌根直臂向前推击木桩，掌尖向上。（图1–64）

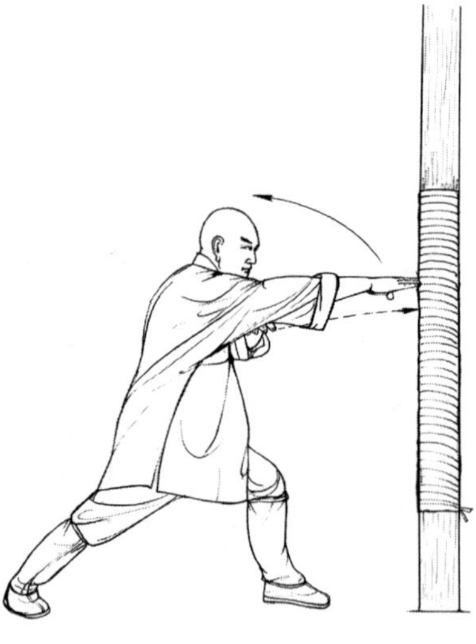
图1–63

图1–64

七、反背掌

【练法】

1. 左脚后撤一步，上体左旋；右脚跟提起，脚尖点地，身体半蹲，成右丁步，缩身；同时，右掌向左下吊臂，指尖向下，掌心向后；左掌收至右肩侧。（图1–65）

2. 右脚向前上步，成右弓步；同时，右掌由下向前上、向右弧形横拨，以掌背甩击木桩；左掌自然向左后拉开。（图1–66）

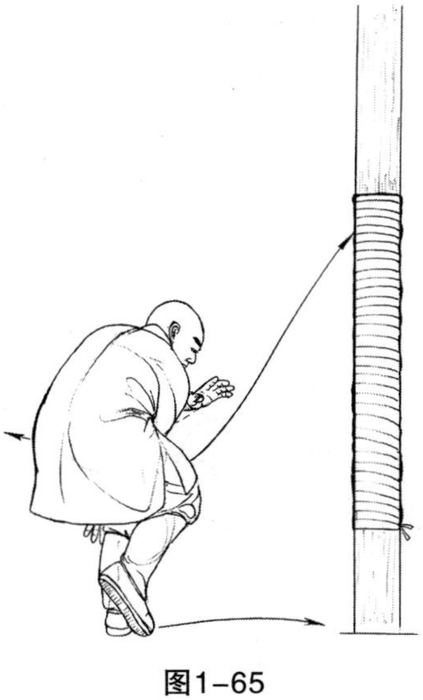

图1–65

图1–66

八、戳掌

【练法】

1. 右掌心向下，屈肘下按腹前，随即以掌棱横切木桩，掌心向下，高与腹平；同时，左掌收至左腰侧。（图1–67）

2. 动作不停，上体右旋；同时，左掌心向下，以指尖伸臂向前戳击木桩，高与肩平。（图1–68）

图1–67

图1–68

九、摆掌

【练法】

1. 右脚向后撤退一步，左脚迅疾向前上步，成左弓步；同时，右掌以虎口部摆击木桩，高与肩平，掌心斜向右下；左掌护于右腋前下方，掌心向下，指尖向右。（图1–69）

2. 右脚向右前外侧方上步，重心右移，成右弓步；同时，上体右旋，左掌以虎口部向前弧形摆击木桩，高与肩平。（图1–70）

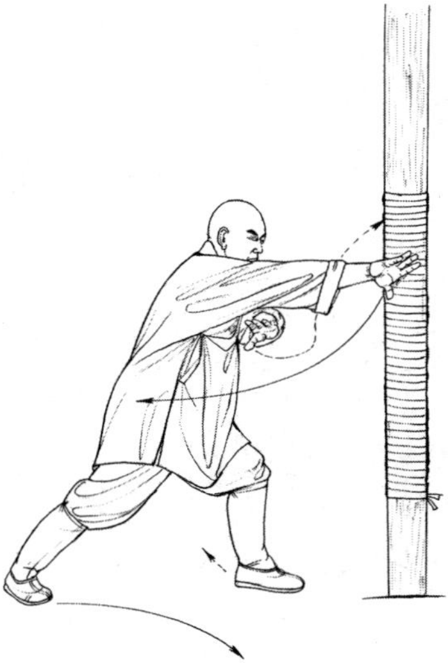

图1–69

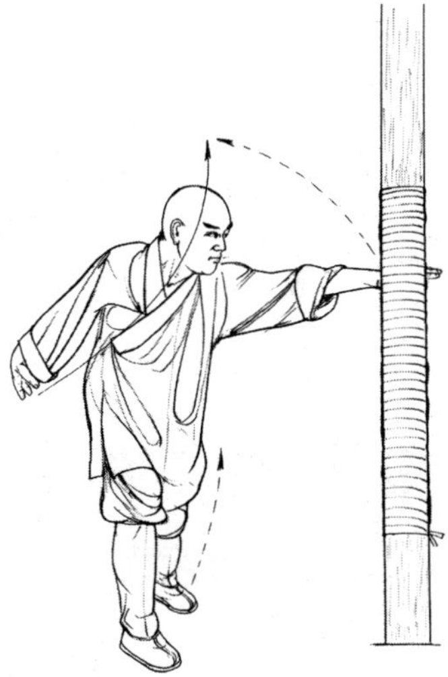

图1–70

十、扣掌

【练法】

1. 右腿独立，左腿屈膝提起；同时，两掌心相对，抱于头部两侧，含胸缩身。（图1–71）

2. 右腿屈膝下蹲，左脚向前落步，脚尖内扣，成左仆步；同时，身体右转，右掌心向下置于右肩前；左掌内旋由前向左上反拍木桩，高与肩平，虎口向下。（图1–72）

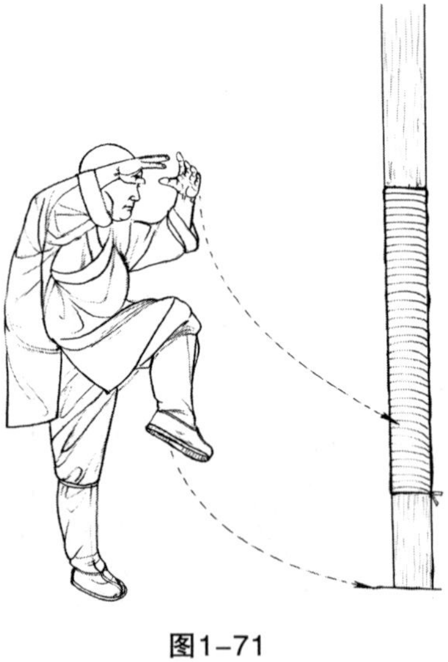
图1–71

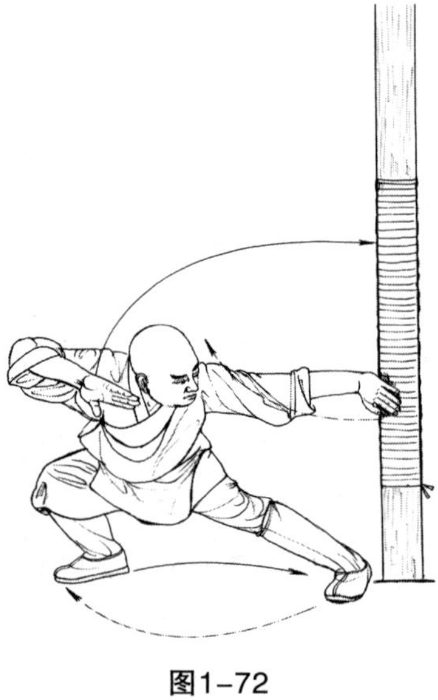
图1–72

十一、砍掌

【练法】

1. 起身，左脚收步于右脚内侧；右脚退步，上体右转；同时，右掌以掌外沿横抡砍击木桩；左掌收至胸前。（图1–73）

2. 重心移于左腿，右腿屈膝提起；同时，两掌屈肘上提护脑。（图1–74）

图1–73

图1–74

3. 右脚以脚跟向前蹬击木桩；同时，左掌下落，右掌后摆。（图1–75）

4. 右脚向前落步，重心前移，成右弓步；同时，右掌以掌外沿向前砍击木桩，高与耳平。（图1–76）

图1–75

图1–76

十二、摆扣掌

【练法】

1. 右掌下落后收，继向前上划弧，甩掌反拍木桩；左掌护肋。（图1–77）

2. 左脚内收半步，左腿屈膝半蹲，重心坐于左腿，成虚步；同时，右掌屈臂收于右胸侧，掌心向上；以左掌根猛力扣击木桩。（图1–78）

图1–77

图1–78

十三、砍插掌

【练法】

1. 左脚向左侧前上步，上体右转，两腿屈膝半蹲，成马步；同时，两掌屈肘竖臂，掌心相对，以两掌根推击木桩，腕高与肩平。（图1–79）

图1–79

2. 右脚上进一步，左脚随即绕过右脚盖步，上体右转，成右插步；同时，右臂屈肘高与肩平，并向右拉牵；左掌以掌外沿向左横砍木桩，高与肋平。（图1–80）

3. 身体左转，右脚向左脚前上步。随即左转身，左脚向左前方上步，左腿弓，右膝跪成左跪步；同时，左掌收至胸前；右掌尖伸臂向前插击木桩，掌心向左，略低于肩。（图1–81）

图1–80

图1–81

十四、弹踢

【练法】

1. 重心前移左腿，右腿屈膝上提；同时，两掌交叉上举，置于额前（右掌在内）。（图1-82）

2. 右脚以脚尖向前弹踢木桩；两掌顺势下落。（图1-83）

图1-82

图1-83

十五、双插掌

【练法】

1. 右腿屈膝收回，以脚跟下震地面；左腿屈膝，悬起脚跟，成左丁步；同时，两掌由前后摆，直臂勾手于腰后，勾尖向上。（图1–84）

2. 左脚向前上步，成左弓步；同时，两勾手向前转腕至腋下变掌，向前插击木桩，掌心向里，右上左下，右掌平额，左掌平肩。（图1–85）

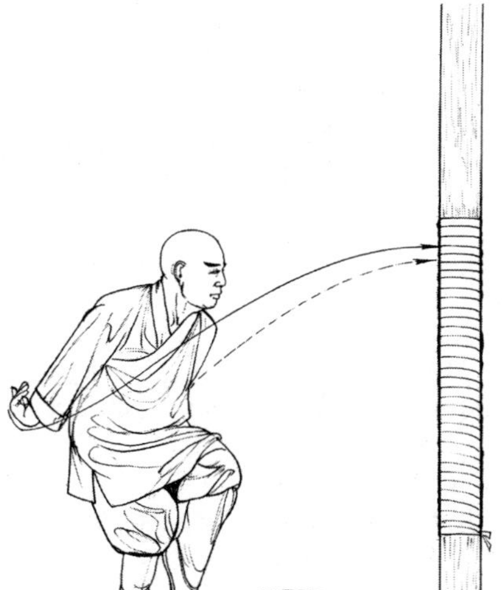

图1–84

图1–85

十六、斩掌

【练法】

1. 上体右转，重心右移，成右横裆步；同时，左掌向右下伸臂划弧至右膝前侧方，指尖向下，掌心向右；右掌护于左肩前，掌心向下，指尖向左。（图1-86）

图1-86

2. 左脚尖外展，重心前移，成左弓步；同时，左掌以掌外沿向上、向左前上反臂斩击木桩，掌心斜向前下，腕高与肩平；右掌护于左肩前。（图1-87）

3. 上体略左转，左掌内收于胸前，掌心向下；右掌向前以掌外沿斜斩木桩，高与额平，掌心斜向上。（图1-88）

图1-87

图1-88

十七、标掌

【练法】

1. 上体继续左转，两腿屈膝，成扭步；同时，右掌向下吊臂垂于左膝外侧方，掌心向外；左掌向右前伸，护于右肩前方，掌心向前，指尖向上。（图1-89）

图1-89

2. 右脚向前上步，脚尖内扣，成马步；同时，右掌向前上标掌插击木桩，高与肩平，掌心向下；左掌向左划出，展臂平肩。（图1–90）

图1–90

十八、托掌

【练法】

上体右转，右臂下收后摆，掌心向左；同时，左掌向前以掌根上托木桩，腕高与肩平。（图1–91）

图1–91

十九、切砍掌

【练法】

1. 左脚收步，重心移于左腿，右脚跟略悬，成右虚步；同时，左掌屈臂经肩上绕过向前按掌，用掌外沿切击木桩，掌心向下，高与胸平；右掌心向上，收至右腰侧。（图1–92）

图1–92

2. 右掌向前横砍木桩，高与肩平，掌心向上；同时，左掌收至右腋下，掌心向下，指尖向右；右脚尖稍前移，脚跟落地，仍成右虚步。（图1–93）

图1–93

二十、插撑掌

【练法】

1. 右脚向左收步于左脚尖前侧，左脚随之后划一步，上体先左转，继右转成扭步；同时，右掌随转身经头顶向下、向右后反拍木桩，高与腰平，指尖向下；左掌立掌收至右胸前。（图1-94）

图1-94

2. 身体左转约180°，左脚尖外摆，右脚跟外碾，成左弓步；同时，右掌标插木桩，略高于肩；左掌护于右肘下方，掌心向下，指尖向右。（图1–95）

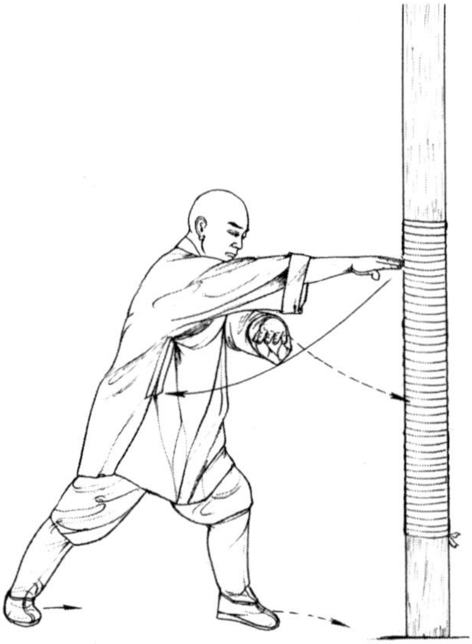

图1–95

3. 两脚前移，屈膝半蹲，上体右转，成马步；同时，右掌屈臂抱置右胸前；左掌心向前，指尖向右，以掌根撑击木桩，高与肩平。（图1-96）

图1-96

4. 左脚收步于右脚内侧，右脚迅疾上一步，成右弓步；同时，右掌向前插击木桩，高与腹平，虎口向上；左掌后摆，斜伸于左后，高与腰平。（图1–97）

图1–97

二十一、收势

【练法】

右脚后收，两脚并步，正身直立；同时，两掌收胸合十；调匀呼吸，收势。（图1–98）

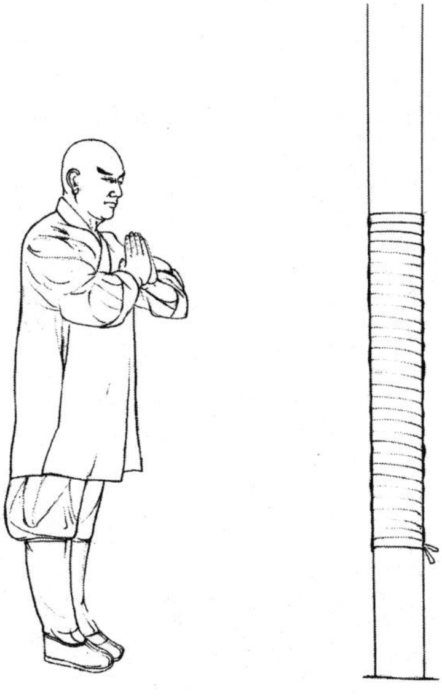

图1–98

第二章

大力金刚虎爪功

大力金刚虎爪功，少林绝技之一，内外兼修，软硬兼具，非常实用。

大力金刚虎爪功，分有内功与外功两种，其内功为“金刚贯气功”，其外功为“大力虎爪功”，合二为一，即成“大力金刚虎爪功”。

第一节　金刚贯气功

金刚贯气功，以八个动势结合呼吸，练之可使“形与气合，气与力合”，内外合一，通达一体，因此健肺益气，坚筋壮骨，补充体能，增强力量。

此功主练双手贯气，增益手上内劲。练呼吸，强劲力，所谓“气贯力注，气通力达”，为进一步修习虎爪大力，打下坚实可靠的内功基础。

此功也可作为养生功单独练习，练之可安神养心，充盈气血，疏通经络，保健脏腑，延年益寿。

一、金刚顶立

【练法】

1. 两脚并步，正身直立；两掌垂放体侧，掌心向里，虎口向前；呼吸自然，思想集中，意守丹田。（图2–1）

2. 左脚向左横开一大步，两脚尖向前，两脚间距比肩宽，两膝挺直。（图2–2）

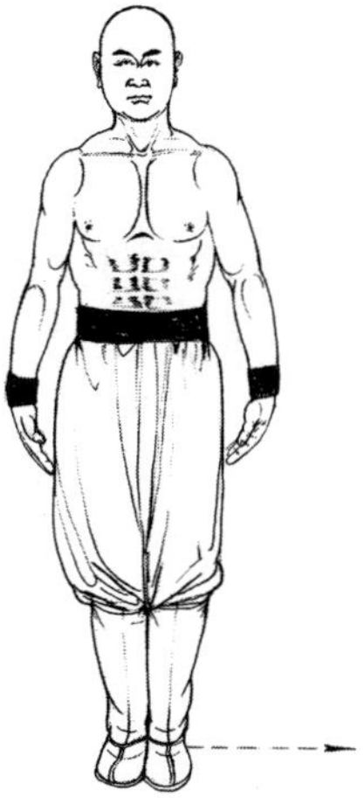

图2-1

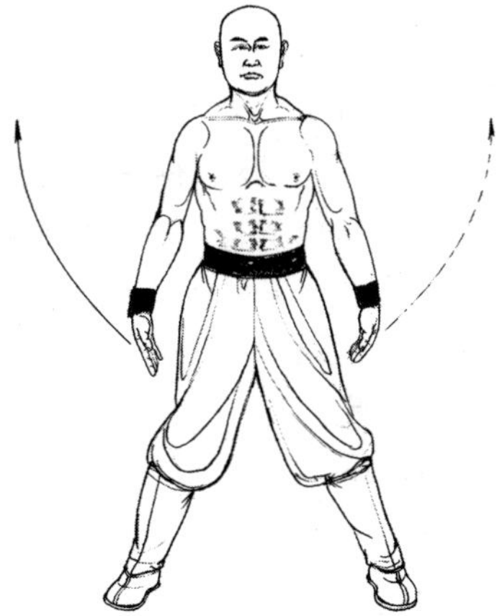

图2-2

【要点】

1. 身体保持端正，收腹、含胸、提裆、沉肩、松臂，头颈正直，下颌内收，舌抵上腭，合齿闭唇，用鼻呼吸。

2. 两脚站立要稳实，脚趾抓地。

二、金刚伏虎

【练法】

1．承接上势。两掌外旋向两侧平举，高与肩平，拇指张开成八字掌，指心向上，指尖向外；肘部略沉。（图2–3）

图2–3

2. 两臂屈肘，两掌内合至头顶上方，两掌心向下，指尖相对。（图2–4）

3. 两掌经面前、向下平直按压至裆前，两肘略屈，腋下含空，掌心向下，指尖相对；同时，两腿屈膝半蹲，成马步。（图2–5）

图2–4

图2–5

【要点】

1. 两掌动作要连贯、圆活、自然、轻缓。沉肩垂肘，两掌心内含，舒胸实腹。

2. 两腿半蹲成马步要与下按掌同时完成。

三、金刚推门

【练法】

1. 承接上势。两掌略外旋向前、向上伸出，掌心向上，指尖向前，高与肩平。（图2–6）

2. 两掌向上、向内屈肘立起，置于两肩前，腕高与肩平，肘尖下垂，指尖向上，掌心相对，与肩同宽。（图2–7）

图2–6

图2–7

3. 两掌同时变八字掌略外旋，指尖向上，掌心向前。（图2–8）

图2–8

4. 两掌伸臂向正前方推撞而出，腕高与肩平，掌心内含，力达掌心。（图2–9）

图2–9

【要点】

1. 沿体前向上屈肘成立掌动作时，速度要缓要稳，肘部弯曲略小于90°。

2. 两掌同时用力向前平行推出，动作要迅速、有力，马步保持不动。

3. 在两掌撞推的瞬间，背部略向后撑；同时，快速呼气，可使力量更加稳实、通达。全身震抖，内外相合，上下贯通。

四、金刚开山

【练法】

1. 两掌略停，随后以腕为轴，缓缓外旋至掌心向上，两肘略屈，置体前与肩平，宽约同肩，指尖向前。（图2-10）

2. 两掌用力抓握成虎爪状。（图2-11）

图2-10

图2-11

3. 屈肘徐徐收至腰间；同时，屈指成拳，拳心向上。（图2-12）

4. 接着，两拳同时由腰间向体前冲出，肘部挺直，高与肩平，宽约同肩，拳心向下，力达拳面。（图2-13）

图2-12

图2-13

【要点】

1. 两掌外旋成爪、抓握成拳、收至腰间，这三个动作要连贯，速度要沉缓；同时，要吸气。

2. 双冲拳动作要迅速、有力，做到沉肩、挺肘、含胸、收腹、立腰、坐胯；同时，配合呼气。

五、金刚抖威

【练法】

1. 承接上势。两拳略外旋，由体前迅速屈肘，用力收至腰间，拳心向上。（图2–14）

2. 随即，两拳略内旋向体侧冲出，成一字平肩，拳心向下，力达拳面，肘部挺直。（图2–15）

图2–14

图2–15

【要点】

1. 两拳收至腰间要有力，肘部夹紧。

2. 两拳向体侧冲出，要做到迅速有力，身体保持端正，腕部挺直，肩部松沉，脚趾抓地；同时，配合呼气。

六、力坠千斤

【练法】

1. 承接上势。两拳外旋，屈肘向上、向内抬起，置于头侧，高与耳齐，肘端下垂，拳心向内，拳面向上。（图2–16）

2. 两拳继续向内压合，置于肩前，拳心向下，拳面相对，两肘平肩。（图2–17）

图2–16

图2–17

3. 动作不停，两拳猛力下栽，置于两膝外侧，肘部挺直，拳心向后。（图2-18）

图2-18

【要点】

1. 两拳屈肘上抬时，动作要柔和轻缓。

2. 两拳向下用力栽拳时，动作要迅速，干净利落；同时，头颈略向上顶，并配合呼气。

3. 整个动作要连贯，中间不停，做到不僵不滞，迅猛力沉。

七、金刚托塔

【练法】

承接上势。两拳外旋，屈肘向上用力缓缓抬起，置于头顶两侧，拳心向内，拳面向上。（图2-19）

图2-19

【要点】

两拳拧旋上举时，要保持臂部肌肉紧张，拳指紧握，略有抖动感；同时，深吸气。

八、金刚降龙

【练法】

1. 承接上势。两拳变八字掌，向头顶上方合拢，腕部随之内扣，掌心向下，指尖相对，宽约同头。（图2–20）

2. 随后，两掌同时下按，横置胸前，指尖相对，掌心向下。（图2–21）

图2–20

图2–21

3. 动作不停，两掌继续下按，至小腹前；同时，身体随之缓缓立起，膝部挺直，头向上顶。（图2-22）

4. 左脚向右脚收拢，并步正身直立；同时，两掌垂放体侧，身体放松，调匀呼吸。（图2-23）

图2-22

图2-23

【要点】

1. 两掌向头顶上方合拢时，动作要轻缓，肘部要略屈，手指要放松。

2. 双掌下按至腹前，意念也收至丹田，意守几分钟（配合轻、细、柔、缓的呼吸），即可收功。

3. 双掌沿体前向下按掌时，臂部要舒松，掌心内含，膝部随势缓缓挺直。

4. 整势动作要连贯、协调、稳重、轻缓。

5. 呼吸要深长柔和，全身松而不懈，紧而不僵。

九、要点提示

1. 此功呼吸法为“运动自然呼吸法”，一般在蓄势时吸气，用力时呼气。起时吸，落时呼；收时吸，出时呼；合时吸，开时呼，大致如此，练者自行体会，不能拘泥。总以呼吸顺遂、易于贯力、无碍无滞、自然而然为要。

2. 在冲拳、推掌发力时，可适当配合发“嗨”音（用“丹田”发力，配合呼气，此时腹部鼓荡充实）。

3. 姿势要诀不可忽视。头正身直，有助畅通气血；含胸收腹，可使呼吸深沉；松腰沉胯，利于发劲顺达；展膝扣足，可使气聚力实。

4. 除发力要迅疾力猛以外，其他动作均宜轻缓，做到松紧适度。

5. 由于练法简短，根据身体情况可多练几遍，初练以半小时为宜，循序渐进。

6. 在练功过程中，由于气机发动，血液循环加快，全身或局部发热、出汗均属正常现象，但要防止因出汗太多而耗气。

7. 练功时精神要内敛，情绪要稳定。

8. 过饥、过饱、酒后或过度疲劳时，不宜练功。

9. 此功练习，不需太大场地，非常方便。练功环境要清洁、安静。

10. 此功动作简单，呼吸自然，按要领正确练习，不会出偏，收效很快。

第二节　大力虎爪功

大力金刚虎爪功，既需要内功（金刚贯气功），更需要外功（大力虎爪功），否则难成大力，终究无法破敌。

大力虎爪功，少林传统一绝，功成之后，爪力所到，捏可碎酒杯、撕可脱树皮等，令敌胆寒。

大力虎爪功，与一般的的插砂、抓沙袋等不同，而是手抓整砖（选用直角六面的烧结普通建筑砖），练法独特，功效显著，招势实用，不但可使双爪坚利有力，而且兼具黏劲，更利于擒拿时分筋错骨。

初学者因为功力不足，不要一次练完，可自行分为几段，一段一段地慢慢操练；待功力增长后，再一气呵成。初学者也可空手操练，先熟悉动作，再拿砖练力。拿砖也可先练一手一砖，再逐步加力；本功是以一手两砖为例。

本功如果不抓砖块，即是一套“虎爪拳”。

一、预备势

【练法】

1. 正身直立，两脚并步，脚前置放四块整砖；两掌垂于体侧，呼吸自然。（图2–24）

2. 上体前俯，两掌下伸成“虎爪”，各自扣抓两块。（图2–25）

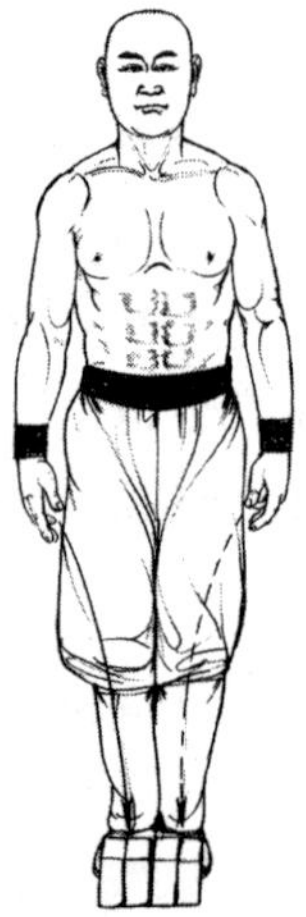

图2–24

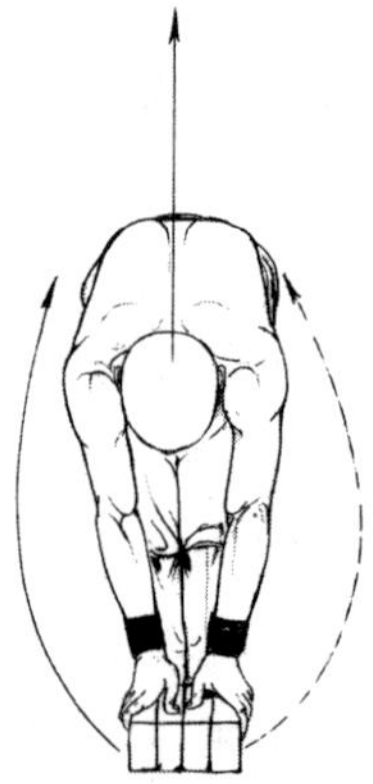

图2–25

3. 立起上身，两手抓砖，垂臂体侧。（图2-26）

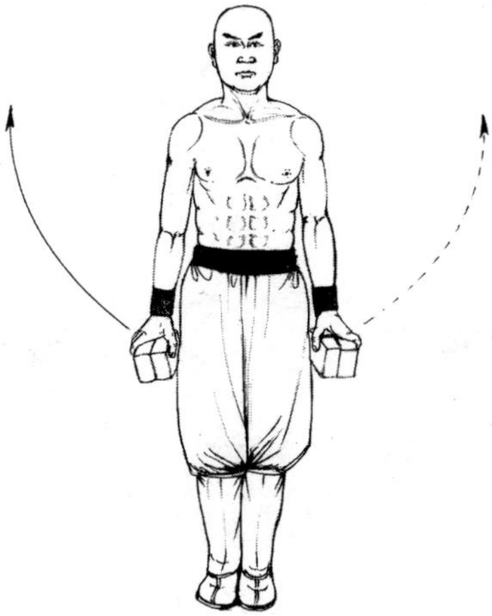

图2-26

二、环拱作礼

【练法】

1. 两手抓砖，两臂外旋由体侧上抬，至一字平肩，肘部略沉，爪心向上；头右转。（图2–27）

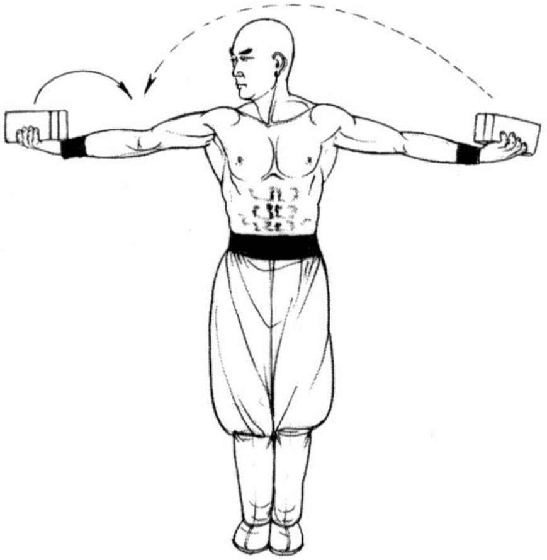

图2–27

2. 两爪屈肘向上、向内、向右肩前相合，左爪在后，右爪在前，上体随势略右转。（图2-28）

3. 两手抓砖向左推至体前正中，上体随之左转，肘关节略屈，两腕与肩同高，两手心向前。（图2-29）

图2-28

图2-29

三、捧月归山

【练法】

1. 两手抓砖转腕，爪心向上，向前平伸，高与肩平，两臂平行。（图2-30）

2. 两手抓砖屈肘收至腰间；同时，左脚向左侧横跨一步，成开裆步。（图2-31）

图2-30

图2-31

四、青龙探爪

【练法】

1. 两手抓砖向前下方推出，爪心向下，两爪相距约与肩宽；同时，两腿略屈膝，成高马步。（图2-32）

2. 动作不停，两手抓砖向体前抖腕挑起前推，虎口向上。（图2-33）

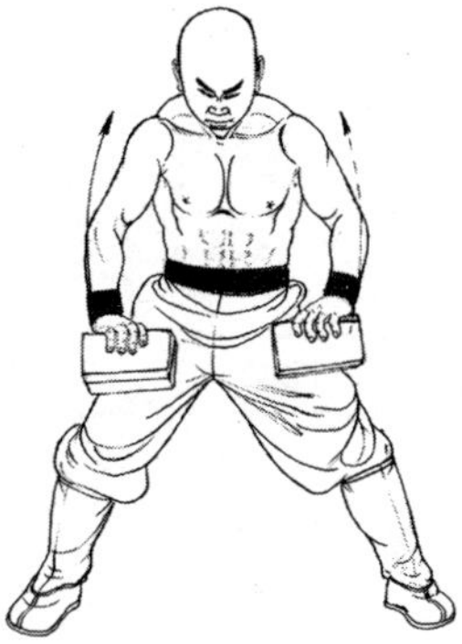

图2-32

图2-33

五、风云入寂

【练法】

1. 两爪屈肘外旋向下收至腹角前侧，虎口略相对；砖近腹部。（图2–34）

2. 两爪沿弧形向两侧伸展抬起，爪心向上，高与肩平；头向右转。（图2–35）

图2–34

图2–35

3. 两臂屈肘，两手抓砖爪向上、向内合拢，过头顶至两肩上方，爪心向下，腕部微屈，臂成环形。（图2–36）

4. 两爪平直下按至腹前，腕部随之略沉，爪心向下，两肘略屈；同时，两腿随势立起，膝部挺直。（图2–37）

图2–36

图2–37

六、玉柱撑天

【练法】

双手抓砖旋腕上抬，屈肘置于两肩前，爪心向里，虎口向上；同时，左腿迅速提膝，右腿挺直。（图2-38）

图2-38

七、双龙出洞

【练法】

1. 左脚向左侧落步，脚尖斜向前，两腿随势屈膝半蹲，成马步；同时，两爪外旋用力，屈肘收至两腹前侧，臂成半弧状，虎口向前；砖面与地面略平行。（图2–39）

2. 两手抓砖向前冲出，肘部挺直，虎口向上，与肩同高、同宽。（图2–40）

图2–39

图2–40

3. 两手抓砖迅速收至腹角前侧，虎口向前，臂成半弧；同时，头随势左转。（图2-41）

图2-41

4. 两手抓砖同时向体两侧分推而出，腕与肩平，虎口向上；头随势右转。（图2-42）

图2-42

八、霸王举鼎

【练法】

1. 两臂略外旋，屈肘向上抬起，爪心向上，略高于肩。（图2–43）

图2–43

2. 两手抓砖屈肘内扣，向下滑落，置于两膝外后侧，虎口向前；头随势左转。（图2-44）

图2-44

3. 两手抓砖弧形上翻屈肘，约与肩平，爪心向上，虎口向后。（图2-45）

图2-45

九、金刚抖威

【练法】

1. 两手抓砖向内划弧，经两肩前下落体侧，高与胯平，两肘尖略上提，虎口向前，爪心向下。（图2–46）

2. 右脚向内收移半步，收提震脚，膝部随之挺直，五趾抓地；左腿迅速屈膝提起，小腿内收，脚面绷直，上体左转，成右独立步；同时，右手抓砖上举于头顶上方，肘屈，爪心向上，虎口向下；左手抓砖，向上划弧，屈臂收于腹前，爪心向下，虎口向里，肘尖向左。目视左前。（图2–47）

图2–46

图2–47

十、黑虎掏心

【练法】

1. 左脚向前落步，右腿蹬直，成左弓步；同时，左手抓砖向前推出，腕高平肩，虎口向上，爪心向前；右爪下收于右肋侧，爪心向左，虎口斜向右前。（图2–48）

2. 右脚向前上步，上体随势左转，两腿屈膝半蹲，成马步；同时，右手抓砖向右前上方撞出，高与额平，爪心向上，肘尖下垂；左手抓砖置于右肘下方，爪心向下，虎口向右。（图2–49）

图2–48

图2–49

3．身体略右转，左腿蹬直，成右弓步；同时，上体略前倾，右手抓砖随势收于右肋侧，爪心向左，虎口向上；左手持砖向前推出，腕高平肩，肘部微沉，虎口向上。（图2–50）

4．身体左旋，右脚尖内扣，两腿屈膝半蹲，成马步；同时，左爪随势屈肘收至腰侧，爪心向右，虎口向前；右手抓砖由腰间向右推出，虎口向上，腕高平肩。（图2–51）

图2–50

图2–51

十一、金刚翻云

【练法】

1. 右脚收至左脚内侧，脚尖点地，成右丁步；同时，左爪不变；右爪屈肘收至左肩前，虎口向上，爪心向里。（图2–52）

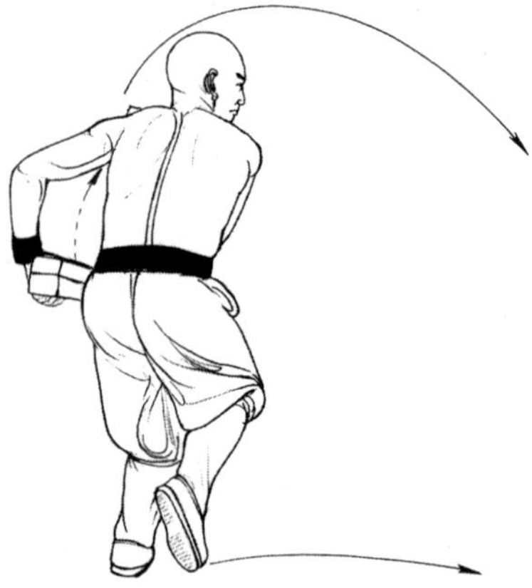

图2–52

图2–52附图

2. 右脚向前跨出一步，脚尖略外撇，左腿蹬伸，成右弓步；同时，右手抓砖经头顶向右前划弧砸出，高与额平，爪心向上，虎口向外；左手抓砖屈肘置于左肩前，虎口向上。（图2–53）

3. 左脚向前跨上一大步，屈膝半蹲，成马步；同时，右手抓砖落至腹前，虎口斜向前上，爪心向里；左手抓砖随势向前、向下抡劈，腕高平肩，肘部略沉，腕部挺直，虎口向上，爪心向前。（图2–54）

图2–53

图2–54

4. 上体略右旋，左手抓砖继续下劈至右侧腹前，虎口向右，爪心向下；右手抓砖向上移至左肩前，爪心向上，虎口向外。（图2–55）

图2–55

5. 马步不变；两手抓砖分别由腹前、肩前同时向身体两侧外摆横靠，展臂平肩，虎口向上，肘部微屈。（图2–56）

图2–56

十二、银瓶倒挂

【练法】

1. 左腿迅速收至右脚内侧，脚尖点地，成左丁步；同时，左手抓砖随势屈肘收至右胸前，虎口向上，爪心向右；右爪斜伸于右侧，略低于肩，虎口斜向前下，爪心向后。（图2–57）

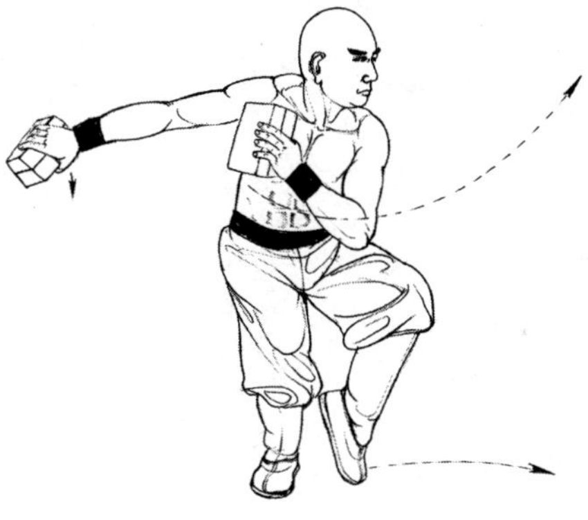

图2–57

2. 左脚向前上一大步，成左弓步；同时，左手抓砖由右肩前向前上撩至头左前方，虎口向上，手心向前，肘部略屈；右手抓砖伸臂不变。（图2-58）

3. 右脚向前上一大步，身体左转，成右弓步；同时，右手抓砖向下、向前、向上弧形撩起，高与额平，右肘略屈，爪心向上；左手抓砖继续向上撩架至头侧左上方，肘臂屈曲，虎口向右，上体略前倾。（图2-59）

图2-58

图2-59

4. 右脚跟外旋，身体随之左转，左脚向右脚后插步，左脚跟抬起，两腿屈膝下蹲，成扭步；同时，右手抓砖继续向下撩至右肩前，虎口向上；左手抓砖划弧按至体前下方，稍高于右踝，臂略伸直，爪心向下，虎口斜向右前；上体略前倾，身体重心落于两腿之间。（图2-60）

图2-60

图2-60附图

十三、金刚伏虎

【练法】

1. 身体左转，左脚跟着地，右脚随势内收，右脚尖点地，成右丁步；同时，身体重心移向左腿，上体直起；右手抓砖向前下伸，置于左大腿外侧，爪心向左，虎口向外；左手抓砖上抬至右肩前，虎口向上，爪心向右。（图2-61）

2. 右脚向前迈步，左腿蹬伸，成右弓步；同时，上体随势前倾，右手抓砖随上步向前抛出，高与额平，爪心向前，虎口向上；左手抓砖由肩前斜向左下方伸臂，高与肋平，爪心向下，虎口斜向左前。（图2-62）

图2-61

图2-62

十四、风扫残云

【练法】

1. 右弓步不变；右手抓砖屈肘收至左胸前，虎口斜向前上，爪心向里；左手抓砖随势向上摆至头顶上方，屈肘架臂，爪心向上。（图2-63）

2. 身体右转，右脚随势内收，脚尖外撇；左脚跟抬起，两腿屈膝下蹲，成左歇步；同时，左手抓砖以左肘端向前下压，左爪置于左肩前侧，爪心向上；右爪置于胸前不变。（图2-64）

图2-63

图2-64

3. 左脚跟内旋，上体左转；右脚向左盖步，屈膝下蹲，成扭步；同时，上体缩身略右旋，两手抓砖随转身屈肘收于胸前，右爪在右胸前侧，爪心向里，虎口斜向右前上；左手抓砖置于左肩前，爪心向上，虎口向左。（图2-65）

4. 右脚尖内扣，左脚跟内转，上体左转，两腿屈膝半蹲，成马步；左手抓砖屈臂架于头部左侧上方，虎口向右；右手抓砖向右推出，右臂伸直，腕高平肩，虎口向上，爪心向右。（图2-66）

图2-65

图2-66

十五、双龙出洞

【练法】

1. 身体略左旋，右腿内收，脚尖着地，重心移至左腿，成右丁步；同时，右手抓砖随势收至腹前，虎口向上；左手抓砖经上向右划弧压按，虎口向上，爪心向右，屈肘横置胸前。（图2–67）

2. 右脚向前跨上一步，左腿蹬伸，成右弓步；同时，右手抓砖随势向前撞出，高与额平，爪心向上；左手抓砖向左斜伸，高与肩平，虎口向上，爪心向后，上体向右前倾。（图2–68）

图2–67

图2–68

十六、乌龙探海

【练法】

1. 右脚内收，脚尖落于左脚内侧，成右丁步；同时，右手抓砖，经上向左收至左肩侧，虎口向上，爪心向里；左手抓砖屈肘向内推左肩前，虎口向上，两肘尖斜向下。（图2-69）

图2-69

图2-69附图

2. 右脚向右跨出一步，两腿半蹲，成马步；同时，两手抓砖由体前向两侧下方分撑，高与胯平，爪心向下。（图2–70）

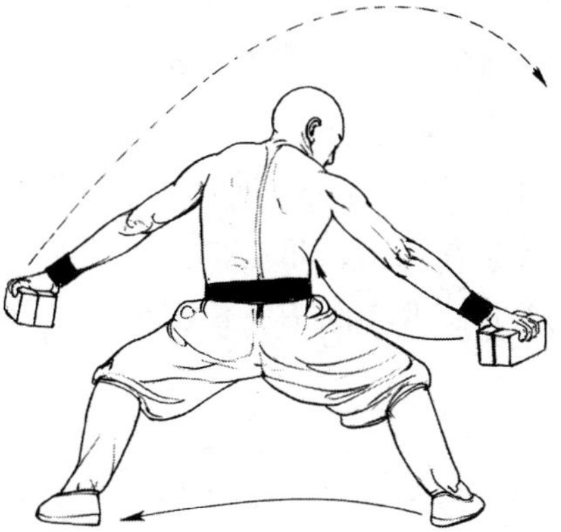

图2–70

十七、白蛇吐信

【练法】

1. 身体略右转，右脚内收，脚尖落于左脚内侧，成右丁步；同时，右爪随势收至腰间，虎口向外，爪心向前；左手抓砖由体左侧向上、向右弧形摆压，稍屈腕、屈肘，腕高平肩，虎口向上，爪心向前。（图2–71）

2. 右脚向前上一步，左腿蹬伸，成右弓步；同时，右手抓砖沿左手内侧向前上方穿出，爪心向上，虎口向外，高与额平；左手抓砖收至右腋下，爪心向下，虎口向右。（图2–72）

图2–71

图2–72

十八、三环套月

【练法】

1. 左脚迅速向右插步，前脚掌着地，上体前倾右旋；同时，右手抓砖向内下划弧，反爪下撑于右胯外侧，爪心向下，虎口向右前；左手抓砖屈肘置于右胸前下侧，虎口向上。目视右手。（图2–73）

图2–73

图2–73附图

2. 右脚跟外旋，左脚内旋，身体随势左转，两腿成左横裆步；同时，右肘向左前横击，力达肘端，高与肩平。（图2-74）

3. 右肘向右侧顶出，手位不变；下盘变成高马步。（图2-75）

图2-74

图2-75

4. 上体右倾，左脚蹬力，右肘继续向右前顶。（图2–76）

5. 上体略左旋，蹲身成马步；同时，左肘向左侧顶出，成双顶肘。然后，两肘略下沉，两手抓砖于肩前成环臂状，腕高平肩，虎口向上。（图2–77）

图2–76

图2–77

十九、乌龙翻转

【练法】

1. 左脚收至右脚内侧，脚尖着地，成左丁步；同时，左爪推按至右肩前，与右手砖相靠，虎口向上，爪心相对；头左转。（图2-78）

2. 左脚向左上步，右腿蹬伸，成左弓步；同时，左手抓砖向前撩起，至与肩平时前推，虎口向上，爪心向前；右手抓砖屈肘收至右腰侧，爪心向左，虎口向外；体略前倾。（图2-79）

图2-78

图2-79

3. 右脚向前方跨上一步，左腿蹬伸，成右弓步；同时，左手抓砖屈肘架于头部左侧上方，虎口向右，爪心向前；右手抓砖由腰间向前推出，高与腹平，虎口向上，爪心向前。（图2-80）

4. 身体左转，左脚向右后插步，屈膝，脚跟抬起；右脚跟外旋，重心落于两腿之间，成左扭跪步；同时，上体前倾，左手抓砖下摆按至前下方，约与右踝平，爪心向下，虎口向右；右手抓砖斜伸于右侧后上方，虎口斜向右外上。（图2-81）

图2-80

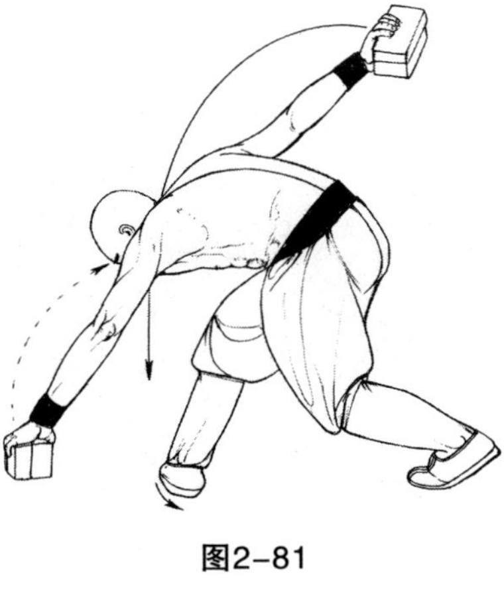

图2-81

5. 右脚跟外旋；左脚跟内旋着地，身体随势略左转，屈膝半蹲，成右半马步；同时，右手抓砖向前下抡劈至右膝内侧，虎口向前；左手抓砖屈收至右肩前，虎口向上；上体略前倾。（图2-82）

图2-82

二十、回头望月

【练法】

身体略左转，左腿略挺直；右腿迅速向左后侧撩起，举于后上方，脚尖向左，高与胯平；上体随势前倾，拧腰上翻，成望月平衡势；同时，右手抓砖向右上方撩起，高与肩平，虎口向上，肘臂略屈；左手抓砖左摆，肘部略屈，高与肩平，虎口向上。（图2-83）

图2-83

二十一、金刚抖威

【练法】

1. 右脚向后落步，身体随势略右转立起，右腿蹬伸，成左弓步；同时，右手抓砖屈肘置于左肩前，虎口向上；左手抓砖随右转体向左前方推出，高与肩平，虎口向上。（图2-84）

2. 身体继续右转，左脚跟外旋，右脚跟内旋，成右弓步；同时，左手抓砖随转体向前左上方弧形横击，置于右内侧斜前方，腕高平肩，虎口向上；右手抓砖随势屈臂收于右肩前侧，虎口向上。（图2-85）

图2-84

图2-85

二十二、青龙探爪

【练法】

1. 身体略右旋，上体前倾；同时，左手抓砖向前下砸，高与小腹平，爪心向下，虎口斜向右前；右手抓砖随势由肩前降至腰间，爪心向前，虎口斜向右外上。（图2-86）

2. 左脚提起，震脚落于右脚内侧成并步，屈膝半蹲；同时，右手抓砖向前下推出，高与裆平，虎口斜向前上；左手抓砖屈肘收至左后臂内侧，虎口向上。（图2-87）

图2-86

图2-87

3. 右脚向前跨一步，左腿蹬伸，成右弓步；同时，右手抓砖由体前向上、向前推出，腕高平肩，虎口向上；左手抓砖收至右肩前，虎口向上。（图2-88）

4. 上体略右旋，右弓步不变；同时，右手抓砖屈肘收至右腋前，虎口向上；左手抓砖随旋体向右裹臂，置于右腮前外侧，虎口向上。（图2-89）

图2-88

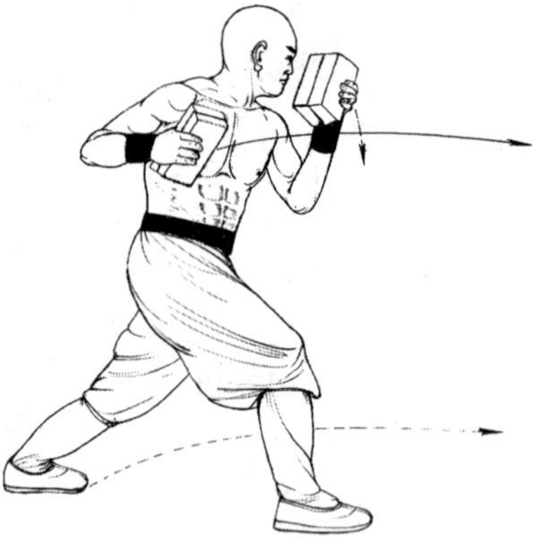

图2-89

5. 左脚向前斜上方跨上一步，右腿蹬伸，成左弓步；同时，上体前倾，右手抓砖随势内旋向前下方砸出，爪心向下，虎口向前，高与胸平；左手抓砖置于右胸前侧，虎口向上。（图2-90）

6. 左腿蹬直，重心右移，右腿屈膝半蹲，成右横裆步；同时，右手抓砖随势屈肘收至右肩前，肘部抬起后撑，虎口向上；左手抓砖向前推出，高与肩平，虎口向上，爪心向前。（图2-91）

图2-90

图2-91

二十三、黑虎掏心

【练法】

右脚向前迈出一步，身体随势左转，两腿屈膝半蹲，成右半马步；同时，右手抓砖向前成弧形上勾，高与额平，爪心向上，虎口向外；左手抓砖护于右肘下侧，爪心向下，虎口向右。（图2-92）

图2-92

二十四、金刚托塔

【练法】

1. 身体左转，右腿蹬伸，右脚脚尖内旋，成左弓步；同时，右手抓砖向上、向左弧形压摆，腕高平肩，虎口向上，爪心向前；左手抓砖置于小腹前侧，虎口向右，爪心向下。（图2–93）

2. 左脚跟外旋，身体随势右转，两腿屈膝半蹲，成马步；同时，两手抓砖向下经腹前向两侧上方撩起，腕高平肩，虎口向上，掌心斜向外前。（图2–94）

图2–93

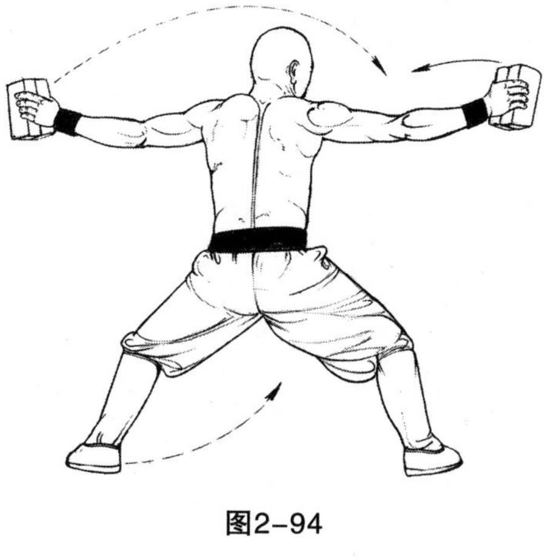

图2–94

3. 右腿挺直，左腿迅速屈膝提起，成右独立步；同时，两手抓砖由体侧同时向上、向内弧形合拢，置于右肩前，虎口向上，爪心相对。（图2–95）

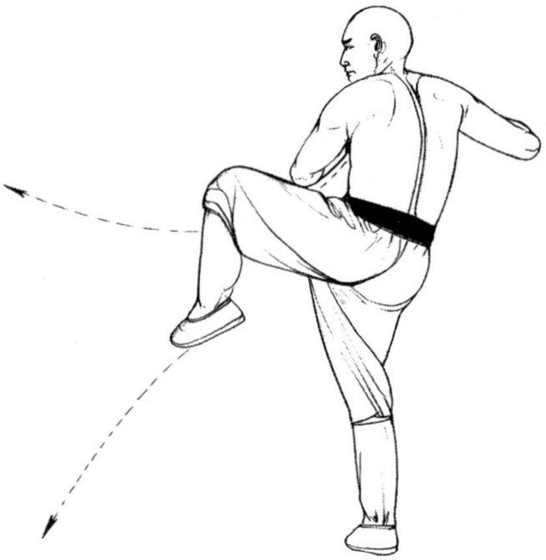

图2–95

图2–95附图

二十五、霸王举鼎

【练法】

1. 左脚向前落步，右腿蹬伸，成左弓步；同时，左手抓砖向下、向前上方弧形撩起前推，腕高平肩，虎口向上，爪心向前；右手抓砖收至右肋侧，爪心向上，虎口向外。目视左手。（图2–96）

2. 左手抓砖向左上方弧形撩架，屈肘竖臂举于左肩上侧，虎口向里，爪心斜向后上；右手抓砖向前上方划弧勾起，右臂略屈，腕高平肩，虎口向前，爪心向上。（图2–97）

图2–96

图2–97

3. 右爪屈肘向左竖格于面前，肘尖下垂；左肘尖下沉，左爪与肩平，上体略左旋。（图2–98）

4. 右脚向前上步，左腿蹬伸，成右弓步；同时，右手抓砖下落经体前向头右上方弧形撩架，爪心向前；左手抓砖下落经腰间向前上方弧形勾起，爪与肩平，爪心向上，虎口向外，稍屈肘，肘尖向下。（图2–99）

图2–98

图2–99

二十六、黑风贯日

【练法】

1. 右脚尖外撇略内收，横向震脚落地；左脚跟随势略抬起，两腿屈膝下蹲，成左歇步；同时，双手抓砖屈肘下砸，略低于右膝，爪心向上，虎口向外，前臂与地面平行；上体前俯，胸部接近右大腿。（图2–100）

2. 左脚向前上进一步，右腿蹬伸，成左弓步；同时，两手抓砖分别经两侧向前上方划弧贯击，两肘微屈，高与耳平，虎口向上，爪心向前；两砖相靠。（图2–101）

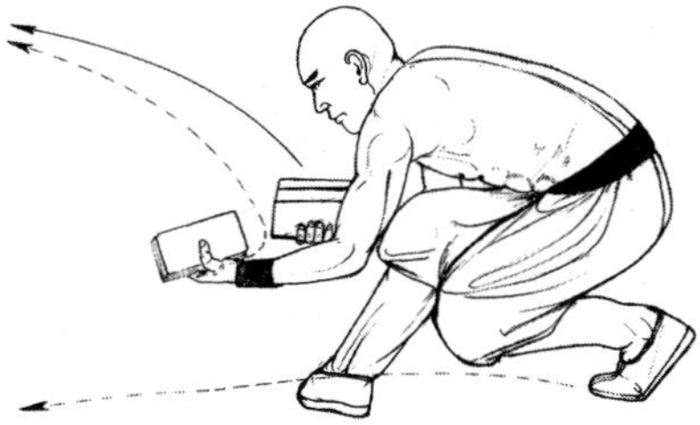

图2–100

图2–101

3. 身体重心移于右腿，屈膝后坐；左腿伸膝后收，成左高虚步；同时，两手抓砖屈臂收于腹前，爪心向上，虎口向前；两砖相靠。（图2–102）

4. 右腿蹬伸，左脚向前一步，成左弓步；同时，两手抓砖内旋向前推出，高与肩平，虎口向上，爪心向前。（图2–103）

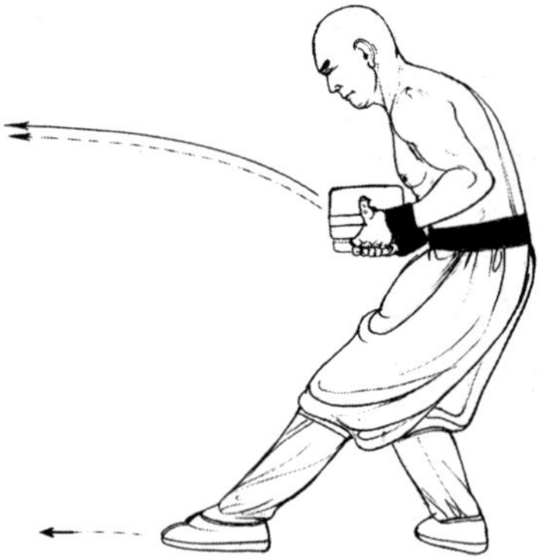

图2–102

图2–103

二十七、追风赶月

【练法】

1. 左弓步不变；双手抓砖转腕，爪心向上，虎口向外，两肘微屈。（图2–104）

2. 两手抓砖内收，右爪屈肘收至腰间，爪心向上；左爪置于腹前；同时，左腿随势直起；右脚勾起横向前下方踩截腿，高与膝平，右膝挺直。（图2–105）

图2–104

图2–105

3. 身体左旋，左脚跟迅速内旋；右腿内旋屈膝收回，再向右下方踹出，右脚尖横向勾起；同时，右手抓砖经肩前向右胯侧下截，爪心向下，虎口向左；左爪抬至右胸前，虎口向上，爪心向里。（图2-106）

4. 身体左转，右脚尖内扣收落至左脚内侧，两腿屈膝半蹲，上体略前倾；同时，左手抓砖下落至左侧前方，高与小腹平，爪心向下；右手抓砖向左划弧，屈肘竖臂于面前左外侧，爪心向上，虎口斜向右前上。（图2-107）

图2-106

图2-107

5. 右脚跟外旋，身体迅速左转，重心移至右脚，右腿挺直；左脚勾脚提起，随转体用力向左下方踹出；同时，左手抓砖向左下方伸出，爪心向下，高与胯平；右手抓砖随势屈肘上提至右肩前，肘尖后撑，虎口向上。（图2-108）

6. 左脚向左侧落地，上体右转，成右弓步；同时，左手抓砖，随转身屈臂右裹，高与面部平，虎口向上，爪心向右；右手抓砖屈臂置于右肩前外侧，虎口向上。（图2-109）

图2-108

图2-109

7. 身体左转，右腿蹬伸，左腿屈膝半蹲，成左弓步；同时，左手抓砖向左反臂拦出，高与耳平，肘部略屈，虎口向上，爪心向前；右手抓砖向右侧下伸出，高与胯平，爪心向下，虎口向右斜前方；上体略左倾。（图2–110）

8. 左弓步不变；右爪迅速向前上方贯击，高与耳平，爪心向下，虎口斜向左上，肘、腕微屈；左手抓砖略下收，置于右肘下侧，高与肩平，虎口向上，爪心向右。（图2–111）

图2–110

图2–111

二十八、金刚撞钟

【练法】

1. 左手抓砖前推，右手抓砖下落，两臂平直，高与肩平，爪心相对，虎口向上；两砖相靠。（图2-112）

2. 两手抓砖同时向内、向上屈肘内收，置于两耳外侧，爪心向上，虎口向外，肘尖下垂向后；上体前倾，颈部挺直，头向前顶。（图2-113）

图2-112

图2-113

3. 左弓步不变；两手抓砖向下收至两胯侧，爪心向前，虎口向外；头部保持。（图2-114）

4. 动作不停，两手抓砖向前下方用力推出，两砖相并，虎口斜向前上，爪心向下，高与腹平；上体前倾。（图2-115）

图2-114

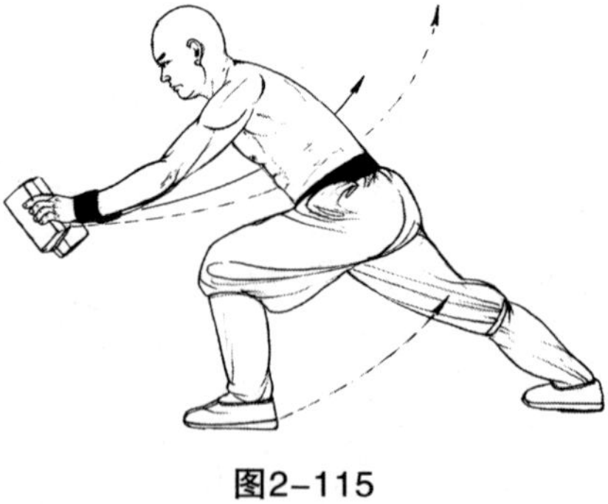

图2-115

二十九、金刚卧石

【练法】

1. 重心移于右腿，左腿随势屈膝提至右膝内侧，成右独立步；同时，左手抓砖屈肘收至右肩前，爪心向上；右手抓砖屈肘收至左肩前，爪心向上；上体略前倾。（图2-116）

图2-116

图2-116附图

2. 左脚迅速向左前下侧伸出，脚尖内扣，左膝挺直；右腿随势屈膝下蹲，成左仆步；同时，左爪向左下方推出，至左小腿上侧，爪心向下，虎口斜向左前；右手抓砖收至右肋侧，爪心向左，虎口斜向右前。（图2-117）

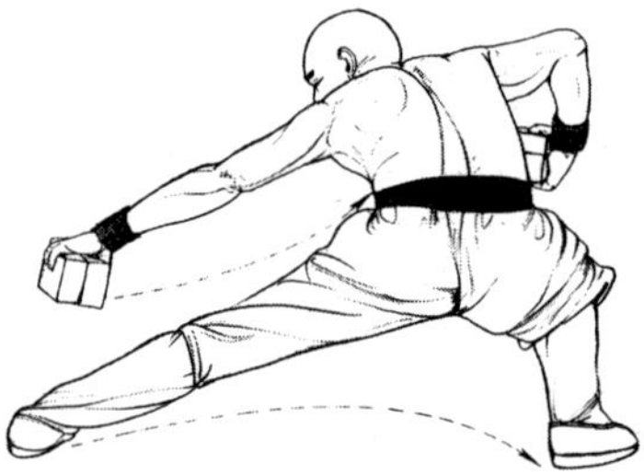

图2-117

图2-117附图

三十、力劈华山

【练法】

1. 左脚迅速收至右脚内侧，脚尖着地，成左丁步；同时，左手抓砖随势屈肘内收至右肩前，虎口向上，爪心向右；右手抓砖上收于右肩前，两砖相靠，虎口向上，爪心向左。（图2–118）

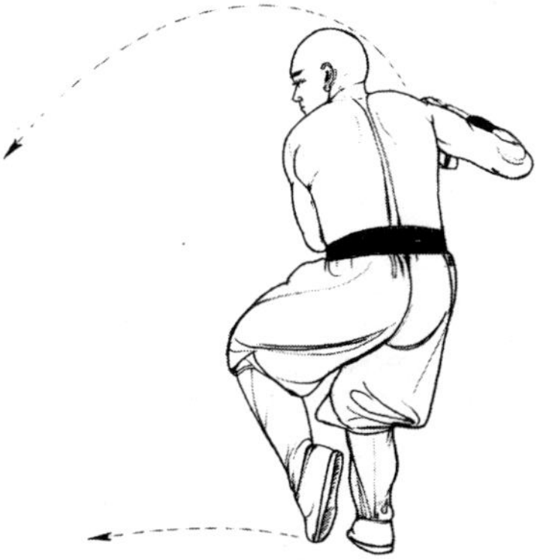

图2–118

图2–118附图

2. 左脚向左前方跨出一步，右腿蹬伸，成左弓步；同时，左手抓砖由右肩前向上、向左前方弧形抡劈，高与肩平，臂略伸直，虎口向上，爪心向前；右手抓砖停于右肩前不变。（图2-119）

3. 身体左旋，右脚向前跨上一大步，两腿屈膝半蹲，成右半马步；同时，右手抓砖经上向前下劈，高与腹平，虎口向上，爪心向前；左手抓砖内收，置于右后臂内侧，虎口向上，爪心向右。（图2-120）

图2-119

图2-120

4. 右脚收回，脚尖点地，成右丁虚步；同时，左手抓砖收至左肋侧，爪心向里，虎口斜向左前；右手抓砖屈肘收至左肩前，虎口向上，爪心向里。（图2–121）

5. 右脚向前一步，屈膝半蹲，左腿蹬伸，成右弓步；同时，右手抓砖由左肩前经上、向前下抡劈，高与肩平，虎口向上，爪心向前；左手抓砖抬至左耳后侧，肘尖后撑，虎口对耳，拇指在下。（图2–122）

图2–121

图2–122

6. 身体迅速右转，左脚向前上一步，右脚跟内旋，重心移于右腿，成左虚步；同时，右手抓砖收至右肋侧，虎口向前，爪心向里；左手抓砖经上向前下抡劈，高与肩平，爪心向前，虎口向上。（图2-123）

图2-123

三十一、穿林入洞

【练法】

身体左转，右脚随势向前上一大步，左脚跟内旋，两腿屈膝半蹲，成右半马步；同时，右手抓砖向前推出，高与肩平，虎口向上，爪心向前；左手抓砖内收于右肩前，虎口向上，爪心向右。（图2–124）

图2–124

三十二、黑风贯日

【练法】

1. 右腿内收半步，脚尖点地，成右丁步；同时，右手抓砖向左下收，至左下腹前侧，虎口斜向左前上，爪心向左后；左手抓砖平直前推，屈肘，爪心斜向右上，虎口向上。（图2–125）

2. 右脚向前一步，左腿蹬伸，成右弓步；同时，上体略前倾，右手抓砖由腹前经左臂内侧向上、向前翻出，右肘略屈，肘尖下垂，高与额平，爪心向上，虎口向右外侧；左手抓砖下压至右肘下，爪心向下，虎口向右外侧。（图2–126）

图2–125

图2–126

三十三、叶底藏花

【练法】

身体左转，左脚顺势向右腿后插步，前脚掌着地，脚跟抬起，膝部挺直；右脚跟略外旋成左插步，上体前倾，胸部靠近右大腿，重心移向右腿；同时，右手抓砖内旋向下、向右后侧反臂推出，肘部挺直，爪心向后，虎口向下；左手抓砖随势屈肘向上收至右胸前，手心斜向右上，虎口斜向左上。（图2–127）

图2–127

三十四、青龙出水

【练法】

1. 身体略左转，左脚随势向前跨一大步，右腿蹬伸，成左弓步；同时，右手抓砖由后向前摆至左膝前方，肘臂挺直，高于左膝，爪心向下，虎口向左外侧；左手抓砖随势按至右后臂下侧，屈肘横置腹前，爪心向下，虎口向右后；上体前倾。（图2-128）

2. 身体速向右转，左脚跟随势外旋，右脚跟内旋，成右弓步；同时，右手持砖向上、向右、向下立圆抡劈，高与肩平，虎口向上，爪心向前；左手抓砖向上摆至体后，高与肩平，爪心斜向前上，虎口斜向左上；上体略前倾。（图2-129）

图2-128

图2-129

3. 右手持砖向下抡劈，收至右腰间，爪心向上；左手抓砖经上、向前抡劈，高与肩平，虎口向上，爪心向前。（图2-130）

4. 身体迅速左转，右脚随势内扣，两腿屈膝半蹲，成右半马步；同时，右手抓砖由腰间向右推出，高与肩平，虎口向上，爪心向前；左手抓砖屈肘收至左肩前，肘尖向左，虎口向上，上体正直。（图2-131）

图2-130

图2-131

三十五、金刚举鼎

【练法】

1. 上体左转，成正马步；同时，左手抓砖外旋，向左上侧翻出，高与额平，爪心向上；右手抓砖在右侧伸臂转腕，成手心向上。（图2–132）

2. 马步不变；两手抓砖同时屈肘内收举至两耳外侧，高与耳平，虎口向上，爪心相对，肘尖下垂。（图2–133）

图2–132

图2–133

3. 两手抓砖，屈肘内合胸前，两肘上抬平肩，爪心向下，虎口斜对胸部。（图2-134）

图2-134

4. 双手抓砖继续向两侧用力推下，肘臂挺直，爪心向后，置于两膝外侧。（图2-135）

图2-135

5. 双手抓砖由体侧略外旋，屈肘向上缓慢用力顶起（含抖动之劲），至与肩平，爪心向上，两肘略屈，肘尖下垂；头右转。（图2-136）

图2-136

三十六、金刚拜佛

【练法】

双手抓砖屈肘内合胸前，两砖相靠（不要用力相碰，以免把砖损坏），砖上端与下颌平，虎口向上，爪心相对，肘尖下垂斜向外下。（图2–137）

图2–137

三十七、风云入寂

【练法】

1. 双手抓砖由胸前向下落至腹前，屈肘，肘尖略上提，爪心向里，虎口略斜向前；两砖不可贴腹。（图2–138）

2. 双手抓砖外旋，向两侧抬至平肩，两肘微屈，爪心向上。目视右方。（图2–139）

图2–138

图2–139

3. 两手抓砖继续向上，内合，屈肘竖臂，后臂平肩，两砖过顶，爪心相对，两砖相距约同肩宽。（图2-140）

4. 双手抓砖沿体前向下，徐徐按至下腹，爪心向下，虎口相对，肘部略提，肘尖外张。（图2-141）

图2-140

图2-141

三十八、收势

【练法】

1. 左脚内收一步，随之右脚向左脚收拢，并步正身直立；同时，两手抓砖收至胯部外侧，两臂成半弧形，虎口向前，爪心相对。（图2–142）

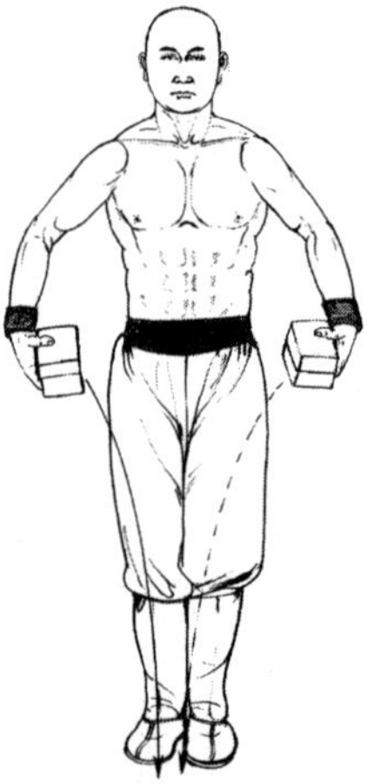

图2–142

2. 上身前俯，两手抓砖向下，将砖放于地面。（图2-143）

3. 正身立起，并步直立；两爪松开，垂放身侧；调匀呼吸，收势完功。（图2-144）

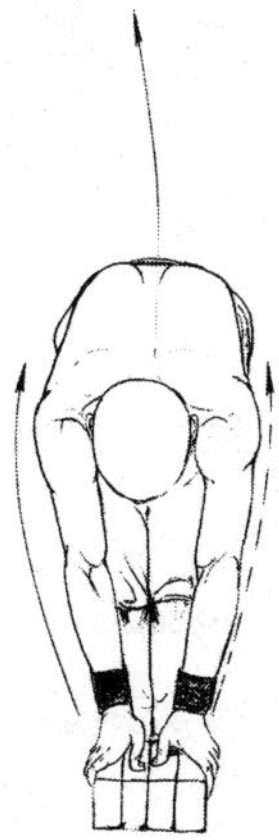

图2-143

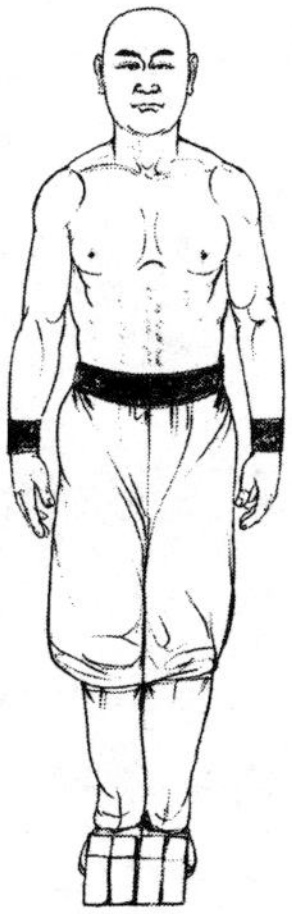

图2-144

第三章

大力金刚浑元硬气功

大力金刚浑元功，是一种非常独特、优秀的少林硬气功夫。此功内外兼修，而且兼练多部，可打可防。一旦有成，则“练同金刚身，内外大力神；无一处怕敌打，无一处不打人”，乃武功真传。

所谓“内外兼修”，即以内为本，先练呼吸，借助心法，发挥意诀，以强壮脏腑，增益体能；然后由内及外，以外为强，即健筋壮骨，增强气力。

“兼练多部”，是指本功非为专练一个部位，而是兼顾多个部位，如手、腿等攻击部位，如腹部、头部等要害部位，如此一来，全身保险系数与攻击能力均获整体提高。

“可打可防”，是指通过秘传的特殊“气功”和“硬功”，增强锻炼部位的硬度与强度，进一步求得“大力”，利于自卫防身，防可抗敌击打，攻可轻易伤敌，遇敌攻击则不畏，发力打敌其难挡。

第一节　内壮功

一、气贯丹田

【练法】

1. 预备势：两脚开立，间距比肩稍宽；两掌垂放体侧；全身舒松，精神集中，意守丹田；嘴唇轻闭，以鼻呼吸，气息自然。（图3–1）

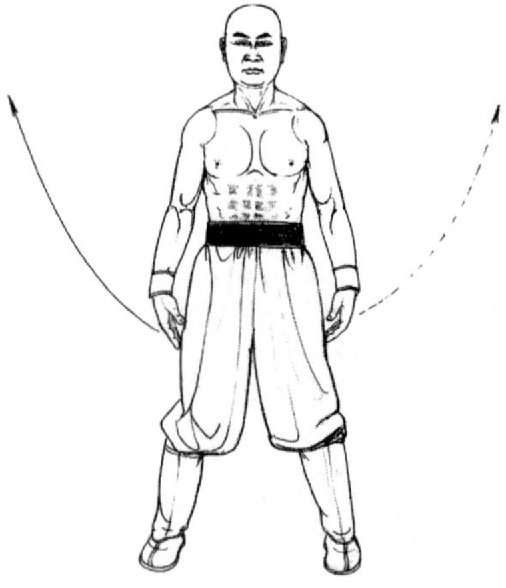

图3–1

2. 接上，用鼻吸气；同时，两掌左右抬起，至与肩平时翻转，十指张开，掌心向前，两臂伸直。此时，气已吸足。（图3–2）

3. 随即，两掌向下拍击下腹部；同时，用鼻呼气。（图3–3）

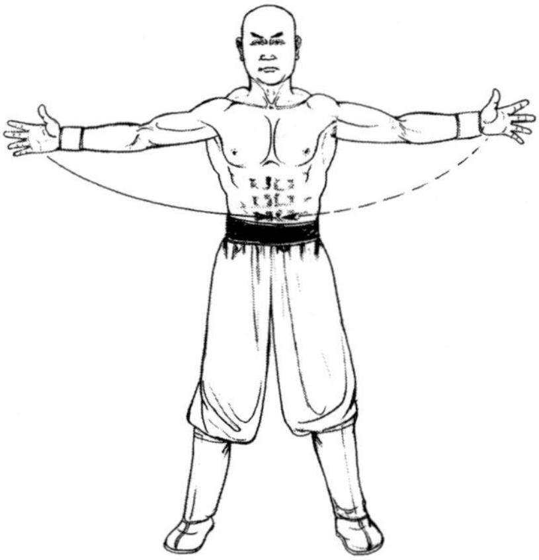

图3–2

图3–3

4. 两掌原路返回，吸气；接着再拍打下腹部。如此反复练习。

【要点】

1. 此势可以提高腹部的抗打力。

2. 初练要慢，击打要轻，根据需要渐渐加快、加重，循序渐进，防止受伤。

注：

本内壮功之呼吸，皆是以鼻吸气、以鼻呼气，下不赘述；同时，集中精神，闭嘴合齿，气息缓慢、均匀，呼吸长度与深度皆要适中。

二、金刚震海

【练法】

1．两脚开立，间距略宽于肩；两掌垂放体侧；调匀呼吸。（图3-4）

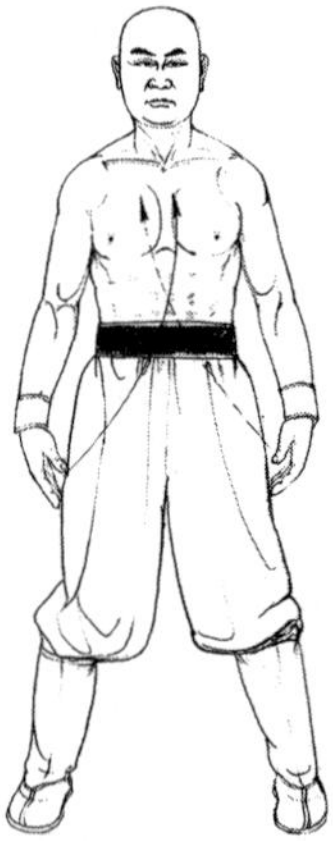

图3-4

2. 吸气；同时，两掌自体侧经腹前交叉于胸前，左内右外，两腕相贴，掌心向里，指尖向上。（图3-5）

3. 两掌左右分开，至与肩平，两臂伸直，掌心向下，指尖向外；同时，呼气。（图3-6）

图3-5

图3-6

4. 吸气；同时，两掌下落至小腹前会合，继上抬至面部前侧握拳，两前臂相贴，两拳轮相对，拳面向上。（图3-7）

图3-7

图3-7附图

5. 双拳变掌翻转，指尖相对，掌心向下，下按至小腹前，两臂适屈；两腿屈膝半蹲，成马步；同时，呼气。（图3-8）

按上述动作，反复练习。

图3-8

【要点】

此势是在前势的基础上，进一步练习运气法。

三、金刚抖威

【练法】

1. 两脚开立，间距略宽于肩；两掌垂放体侧；调匀呼吸。（图3-9）

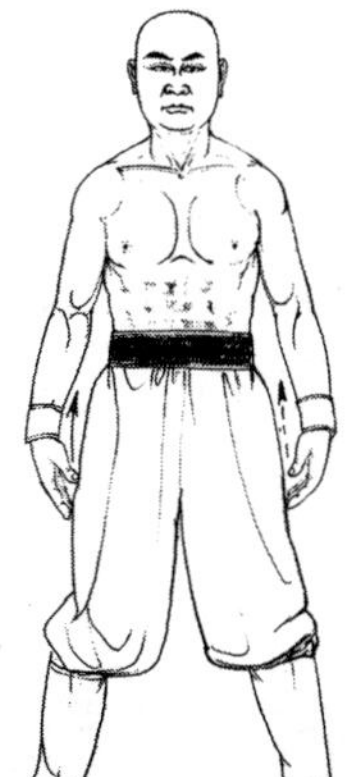

图3-9

2. 吸气；同时，两掌自体侧抬起，至腰部向后划弧成勾手，勾尖向上，虎口向里。不停，两勾后划一定角度时，外旋变掌，向上、向前划成一字平肩，掌心向前，虎口向上，十指张开。（图3-10、图3-11）

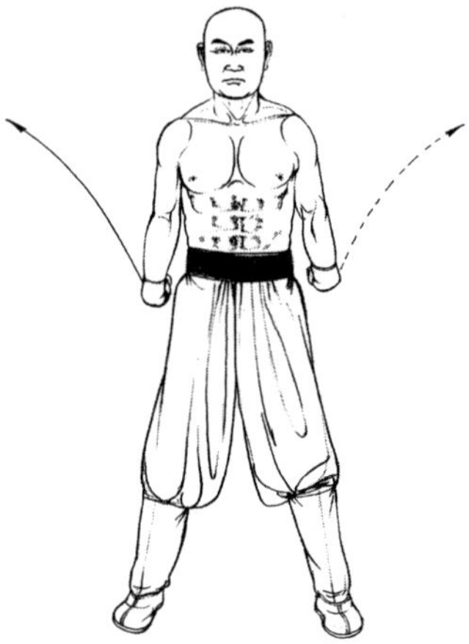

图3-10

图3-10附图

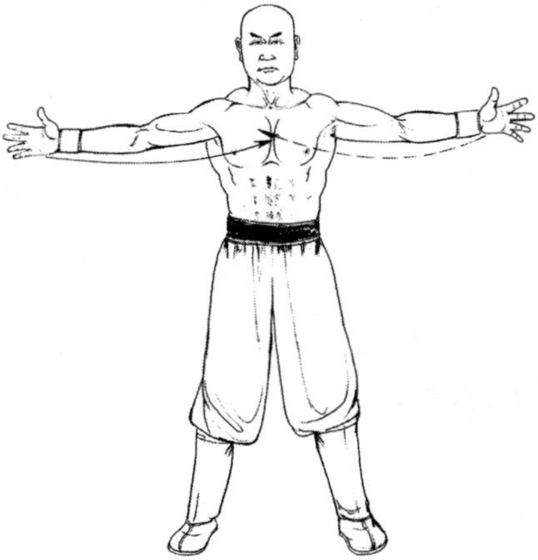

图3-11

3. 两掌拍击胸部，左掌在上，右掌在下；同时，呼气。（图3-12）

图3-12

按上述动作，反复练习。

【要点】

此势主要练习胸部拍打，应由轻渐重，切忌过度用力，防止震伤。

四、金刚拍门

【练法】

1. 两脚开立，间距略比肩宽；两掌垂放体侧；调匀呼吸。（图3–13）

2. 吸气；同时，两掌上划，经腹前，过胸，向两肩上方分开，掌心向前，指尖向上，高与顶平，两臂略成半弧。（图3–14）

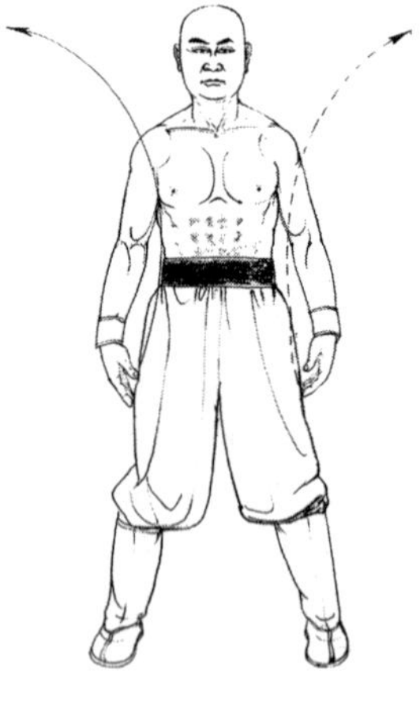

图3–13

图3–14

3. 不停，随即两掌下沉，伸开双臂，沿体侧划弧下收至两大腿外侧，指尖向下。此时，气已吸足。（图3-15）

4. 两掌拍击胸部（两乳上侧部位），指尖向上；上体下沉，两腿屈膝半蹲，成马步；同时，用鼻呼气。（图3-16）

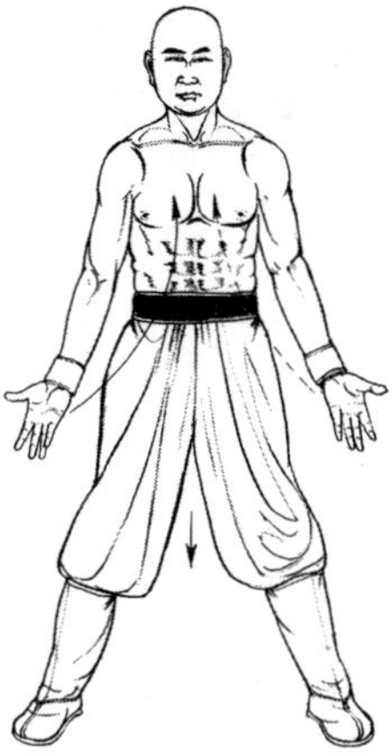

图3-15

图3-16

按上述动作，反复练习。

【要点】

此势主要练习胸部排打。

五、左右逢源

【练法】

1. 两脚开立，间距比肩稍宽；两掌垂放体侧；调匀呼吸。（图3–17）

2. 吸气；同时，两掌左右抬起，至一字平肩，掌心向下，指尖向外。（图3–18）

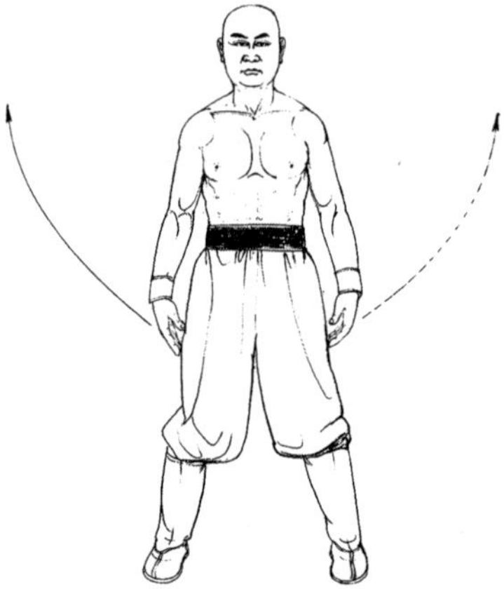

图3–17

图3–18

3. 不停，左转身，左脚略前移，左腿屈膝，右腿蹬伸，成左弓步；同时，两掌翻转，掌心向前。把气吸足。（图3–19）

4. 随即，以右掌拍击左肋部，左掌扬起；同时，呼气。（图3–20）

图3–19

图3–20

5. 吸气；右转体约90° ，成开步展臂两掌平肩势。（图3–21）

6. 不停，右转体成右弓步，把气吸足。（图3–22）

图3–21

图3–22

7. 随即左掌拍击右肋部；同时，呼气。（图3–23）

图3–23

按上述动作，左、右反复练习。

【要点】

此势主要练习左右肋部的排打。

六、金刚举天

【练法】

1. 两脚开步，间距略宽于肩；两掌垂放体侧；调匀呼吸。（图3–24）

2. 两掌上提经腹前交叉于胸前，左内右外，两腕相贴，掌心向里，掌尖斜向上；同时，吸气。（图3–25）

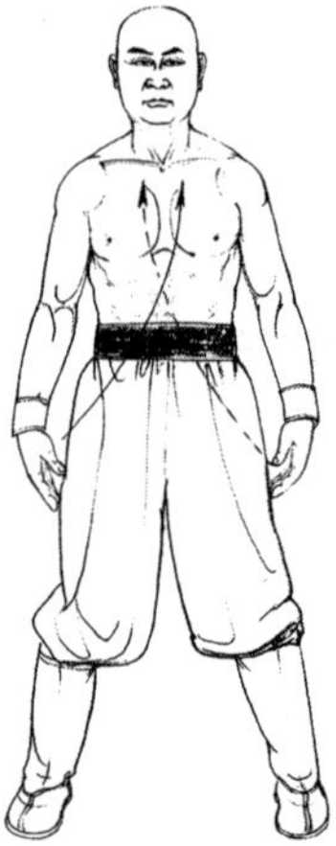

图3–24

图3–25

3. 两掌左右分开，至与肩平，掌心向下，指尖向外；同时，呼气。（图3–26）

图3–26

4. 吸气；同时，两掌向下、向里划弧，至上腹前握拳。不停，两腿屈膝半蹲，成马步；两拳沿胸前上提鼻前，拳轮相贴，竖臂垂肘；把气吸足。（图3–27、图3–28）

图3–27

图3–28

5. 两拳迅猛过头顶向两肩上方伸臂冲出；两膝伸起，两脚蹬劲；同时，呼气。（图3–29）

图3–29

按上述动作，反复练习。

【要点】

此势进一步练习运气法，以充盈内气。

七、力士推山

【练法】

1. 承接上势。两拳变掌，左右下划，至一字平肩，掌心向下；同时，吸气。（图3-30）

图3-30

2. 不停，两掌下划至腹前，上提面前，竖臂垂肘，掌心对面。把气吸足。（图3-31、图3-31附图）

图3-31

图3-31附图

3. 两掌翻转，向前推出，指尖向上，腕高平肩；两腿屈膝半蹲，成马步；同时，呼气。（图3–32）

图3–32

按上述动作，反复练习。

【要点】

进一步加大吸气、吞气、喷气的训练，以增强内气。

八、金刚坐坛

【练法】

1. 两脚并步，正身直立；两掌垂放体侧；吸气。（图3-33）

2. 呼气；右掌向左侧方推出，腕高平肩，指尖向上，掌心向左。（图3-34）

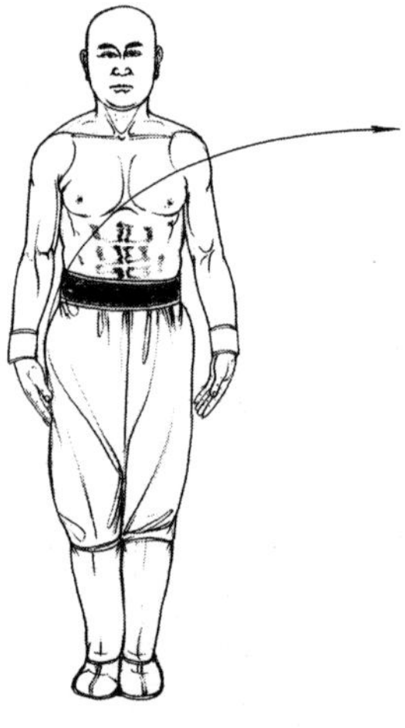

图3-33

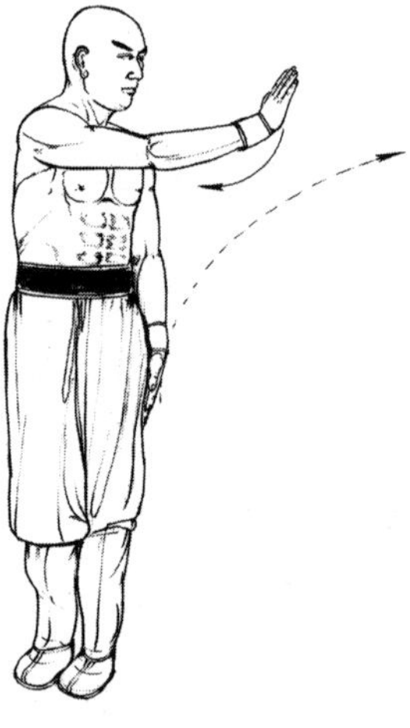

图3-34

3. 吸气；右掌向左下按，护于左前臂内侧，掌心向下；左掌自体侧向左上方插出，掌心向上，高与眼平。（图3–35）

4. 呼气；右脚向右撤退一步，两腿屈膝半蹲，成马步；右掌上翻架臂于头顶；左掌向内划落，用掌外沿劈击左大腿。（图3–36）

图3–35

图3–36

5. 两掌垂放体侧；左脚收向右脚，并步正身直立；吸气。（图3-37）

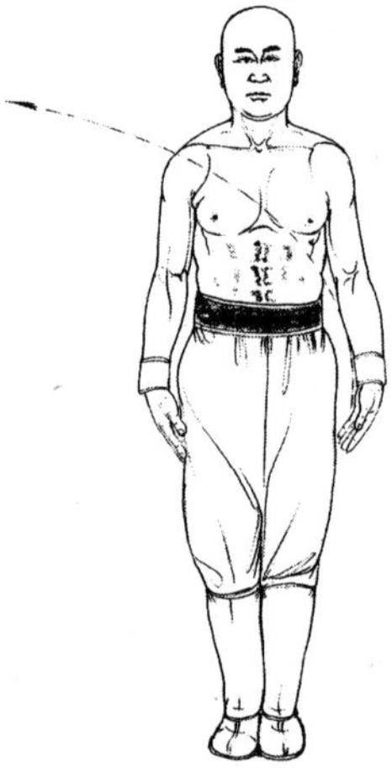

图3-37

6. 接着练习右侧动作。（图3-38 ~ 图3-40）

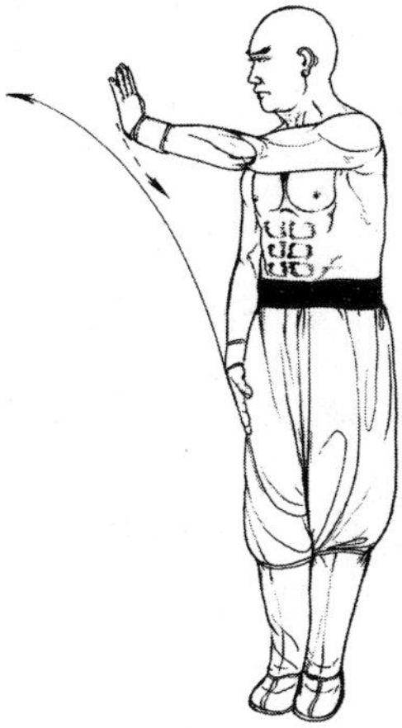

图3-38

图3-39

图3-40

按上述动作，左右反复练习。

【要点】

此势主要提高大腿部的抗打力。

九、金刚拍案

【练法】

1. 并步正身直立，两掌垂放体侧；吸气。（图3-41）

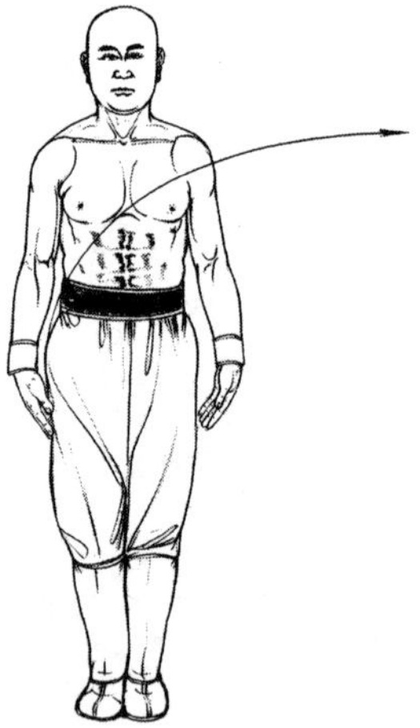

图3-41

2. 右掌向左侧推出，指尖向上，掌心向左；呼气。（图3-42）

3. 右掌向左下按，护于左前臂内侧，掌心向下；左掌向左上方插出，掌心向上，高与眼平；吸气。（图3-43）

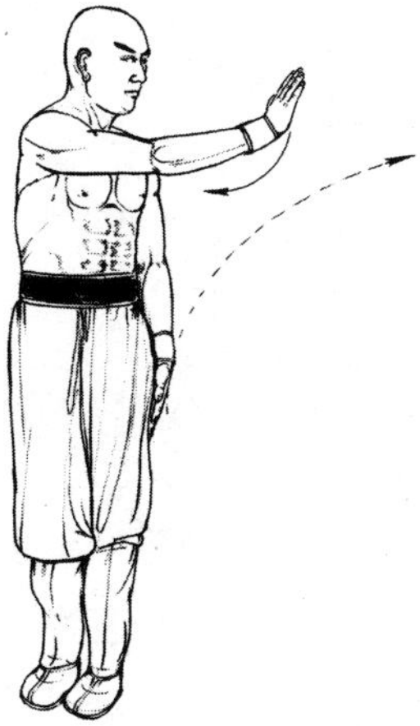

图3-42

图3-43

4. 右脚向右撤退一大步，右腿屈膝深蹲，成左仆步；右掌上翻架臂于头顶；左掌向下划落，用掌心拍击左小腿外侧；呼气。（图3-44）

5. 两掌垂放体侧；左脚收向右脚，并步正身直立；吸气。（图3-45）

图3-44

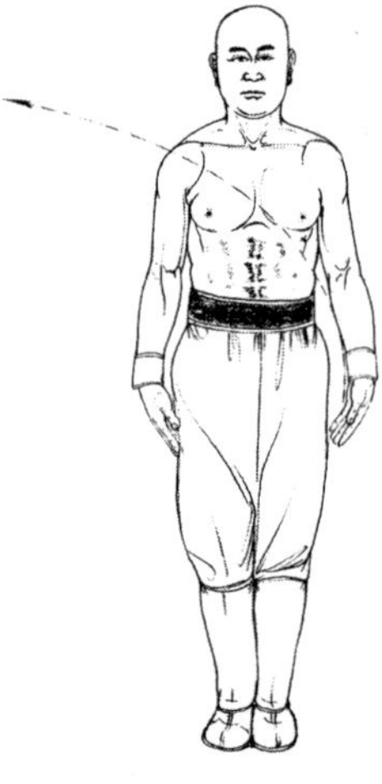

图3-45

6. 接着练习右侧动作。（图3-46 ~ 图3-48）

图3-46

图3-47

图3-48

按上述动作，左右反复练习。

【要点】

此势主要提高小腿部的抗打力。

十、气沉海底

【练法】

1. 两脚开立，间距略宽于肩；两掌垂放体侧；调匀呼吸。（图3–49）

2. 两掌上收于小腹前，指尖相对，掌心向上；吸气。（图3–50）

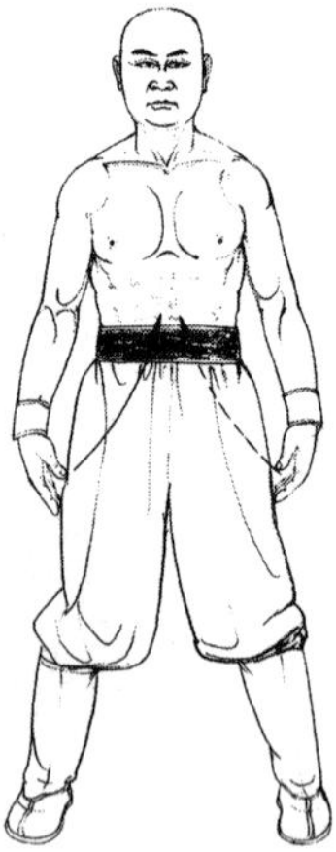

图3–49

图3–50

3. 不停，两掌自小腹前上提至两乳前，指尖相对，掌心向上；把气吸足。（图3-51）

4. 气吸满后，翻掌，掌心向下，指尖相对，缓缓下按至小腹前；同时，呼气。（图3-52）

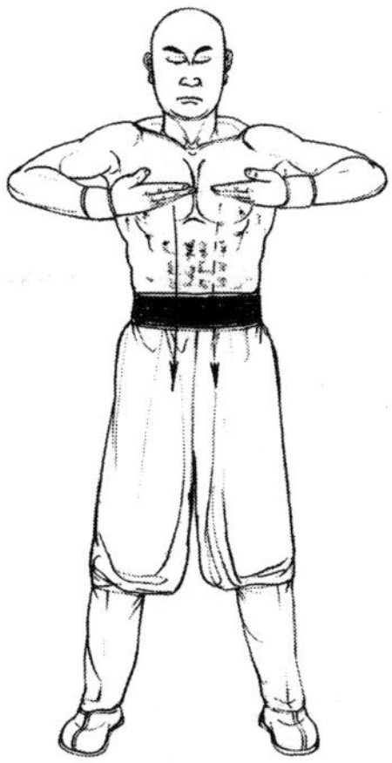

图3-51

图3-52

按上述动作，反复练习。

【要点】

进一步练习提气、沉气，增强功力。

十一、金刚拜佛

【练法】

1. 两脚开立，间距略宽于肩；两掌垂放体侧；调匀呼吸。（图3–53）

2. 吸气；两掌上提胸前，两腕交叉，左内右外，掌尖斜向上。（图3–54）

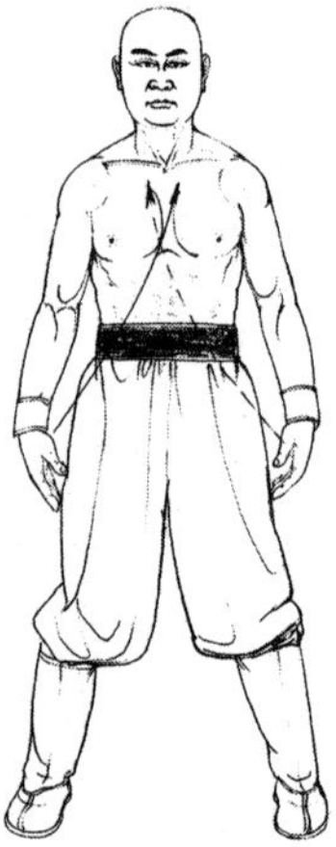

图3–53

图3–54

3. 呼气；两掌左右伸出，一字平肩，掌心向下，随即上抬举至头顶、合掌下落胸前；同时，两腿屈膝半蹲，成马步。（图3–55、图3–56）

图3–55

图3–56

4. 吸气；两掌外旋，掌根分开，指尖相对，掌心向上，置于胸前。（图3–57）

图3–57

5. 呼气；两掌内旋，掌心向下，缓缓下压，至小腹前，翻掌成掌心向上，指尖相对。（图3–58）

6. 吸气；两掌上提至胸口。（图3–59）

图3–58

图3–59

7. 呼气；翻掌，指尖相对，掌心向下，下按至小腹前（图3-60）

图3-60

8. 吸气；两掌上提，至胸前时向左右伸出，掌心向下，一字平肩。随即，上举于头顶、合掌下落胸前。（图3-61、图3-62）

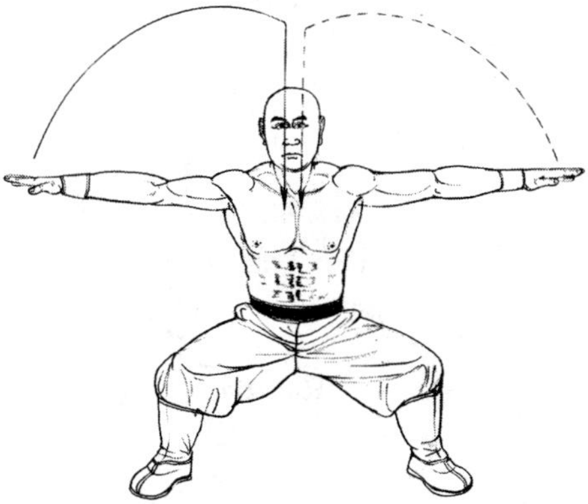

图3-61

图3-62

9. 呼气；两掌根分开，指尖相对，掌心向下，下按至小腹前。（图3–63）

10. 伸膝立身，两掌垂放体侧；舒松全身，调匀呼吸。至此，内壮功收势。（图3–64）

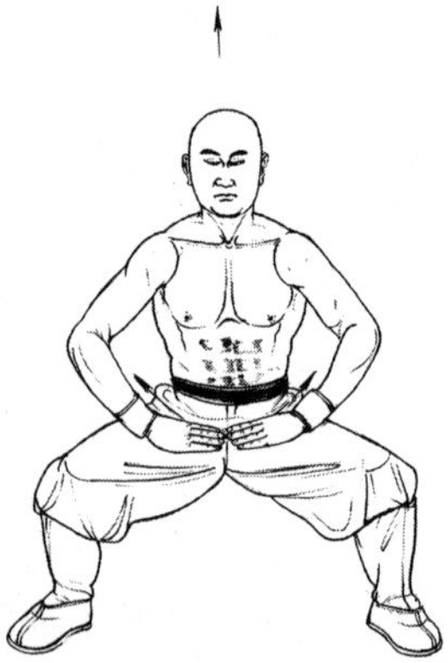

图3–63

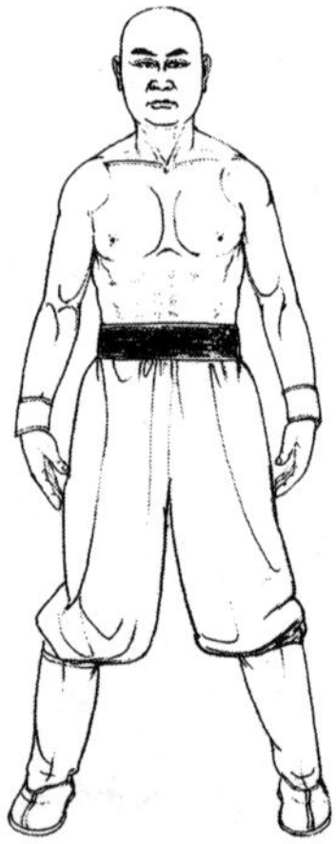

图3–64

第二节　外壮功

一、金刚舒臂

【练法】

1. 两脚开步站立，间距略比肩宽；两手各持一块整砖，垂放体侧；调息，使心意集中，气息和匀。（图3-65）

2. 两手各持整砖抬臂向前平举，腕高平肩；同时，以鼻吸气。（图3-66）

图3-65

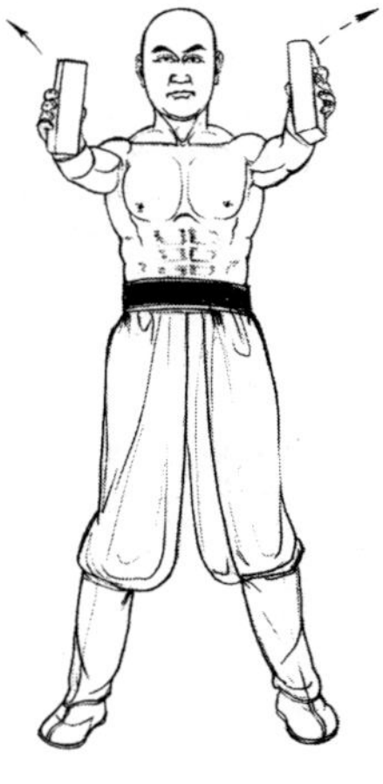

图3-66

3. 两手上举高过头顶，向两侧分开，落至与肩平，掌心向上；此时，气已吸足。（图3–67、图3–68）

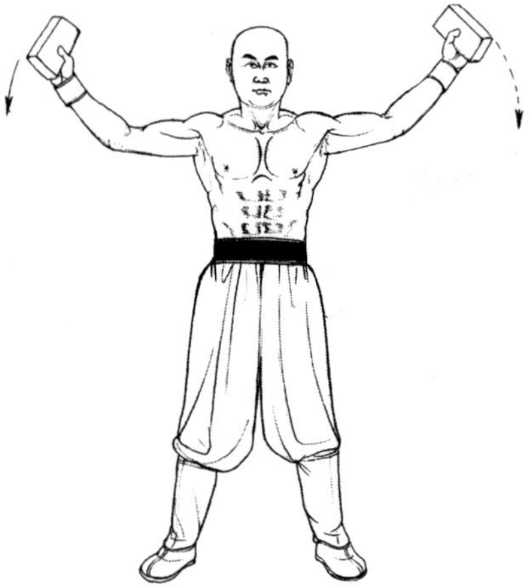

图3–67

图3–68

4．两脚不动，身体左转；右手持砖拍击左肋部；左手扬起；同时，以鼻呼气。（图3-69）

5．两脚不动，身体右转，左手持砖拍击右肋部。如按照图3-70所标位置，左右转动拍击。（图3-70）

图3-69

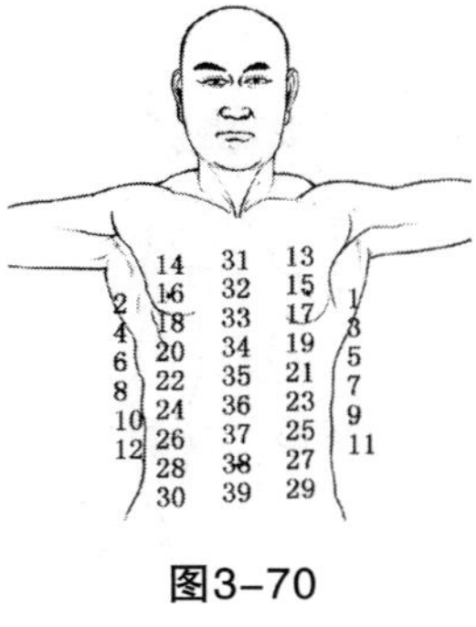

图3-70

拍完39个位置为一遍。

【要点】

1. 初练时，可以不用砖块，只用手掌或握拳击打。

2. 吸气时蓄劲，呼气时发力，由轻到重，由慢到快，循序渐进。

二、雄狮摇身

【练法】

1. 两脚开立，略比肩宽；两手持砖斜向两侧上举，高过头顶；吸气。（图3–71）

图3–71

2. 当气吸满，随即呼气；同时，向前弯腰，身体向右下转；以右砖拍击左腰部，头向右转，左手斜伸。（图3–72）

3. 吸气。当气吸满，开始呼气；同时，身体左转；以左手持砖拍击右腰部，头向左转，右手斜伸。（图3–73）

图3–72

图3–73

按上述练法，左右反复拍击，次数自定。

【要点】

1. 吸气徐缓。

2. 呼气迅速，与拍击同步。

三、犀牛抵角

【练法】

1. 面向墙壁，两脚开立，宽于两肩；两掌垂放体侧；调匀呼吸。（图3–74）

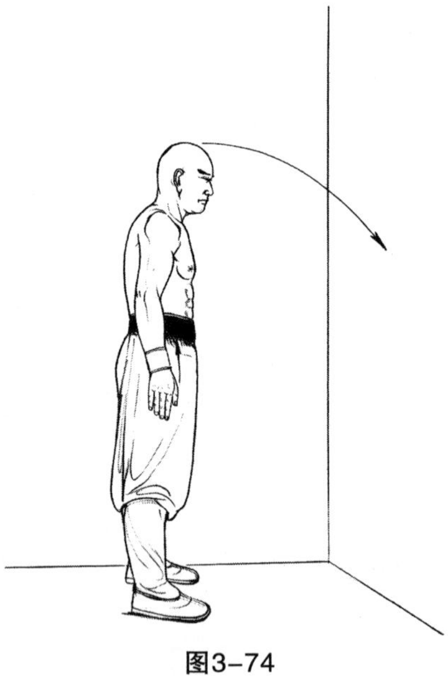

图3–74

2. 两手叉腰，前俯身，把头抵于墙面上；自然呼吸，意守头顶部。坚持一会，时间自定。（图3–75）

3. 双掌下垂，指尖向下，掌心相对；调匀呼吸。（图3–76）

图3–75

图3–76

4. 吸气；同时，两掌上提，提至胸前，掌心向上，指尖相对。（图3–77）

5. 两掌翻转，掌心向下，伸臂下压；同时，呼气。（图3–78）

图3–77

图3–78

上述第4动、第5动反复练习。

【要点】

1. 吸气须吸满。

2. 推压双掌时，与鼻呼气要密切配合，意守头顶部位，贯力注劲。

四、金刚靠壁

【练法】

1. 背对墙壁站立，距墙约20厘米，两脚开立，宽于两肩；两掌合十于胸前；调匀呼吸。（图3-79）

图3-79

2. 吸气；同时，两掌经面前向上伸臂，过顶后掌根分开，间距约10厘米，臂成环状。不停，两掌随即下沉，约与耳平，屈指成半握拳；两膝下蹲，成马步。（图3-80、图3-81）

图3-80

图3-80附图

图3-81

图3-81附图

3. 用背靠撞墙壁；同时，呼气。（图3–82）

图3–82

图3–82附图

如此反复练习。

【要点】

集中精神，贯劲后背，缓缓加力。

五、金刚虎卧

【练法】

1. 身体向前俯卧，两臂伸直，两掌撑地，与肩同宽；两腿伸直，前脚掌着地，身体悬空；调匀呼吸。（图3-83）

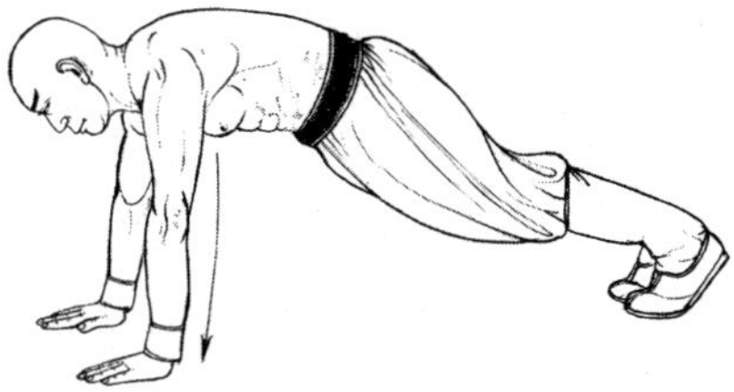

图3-83

2. 双臂弯曲，身体向下接近地面；同时，吸气至满。（图3-84）

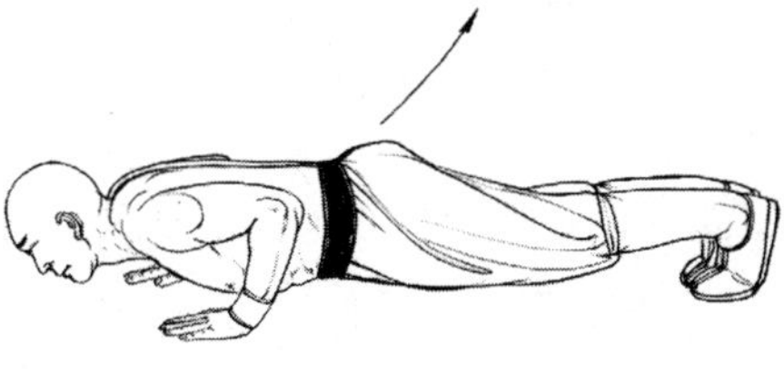

图3-84

3. 双臂用力，撑起身体；同时，呼气。与图3-83姿势相同。

按上述动作反复进行，练习次数自定。

4. 待双掌撑地可起伏数十次仍不觉疲乏时，变成十指撑地练习。（图3-85、图3-86）

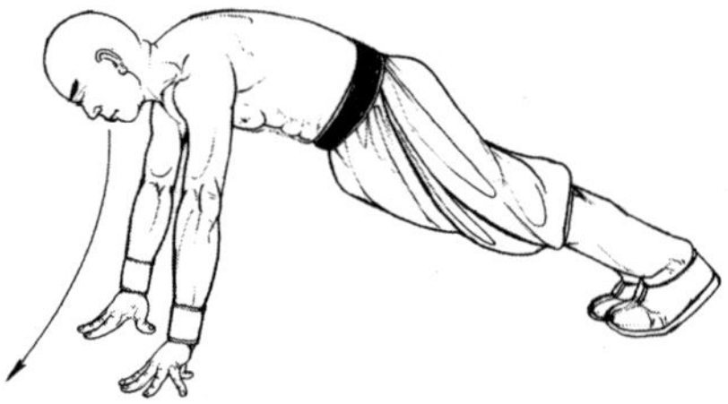

图3-85

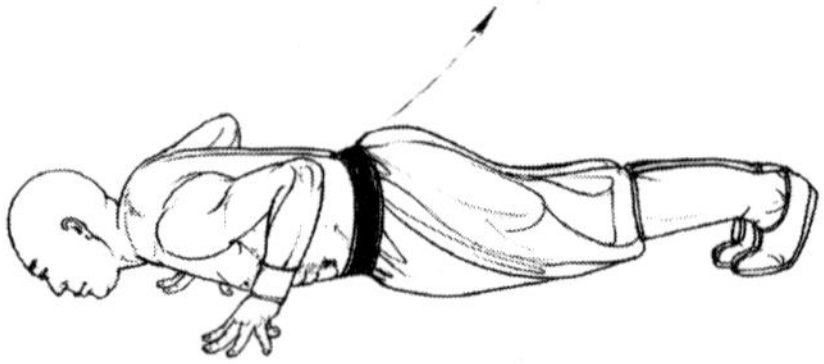

图3-86

六、金刚驾云

【练法】

1. 两脚开步，正身直立，两脚间距约宽于肩；两掌垂放体侧；调匀呼吸。（图3–87）

2. 两掌收至小腹前，掌心向上，指尖相对；同时，右脚提起，踝关节外侧置于左膝上。自然呼吸，坚持一会。（图3–88）

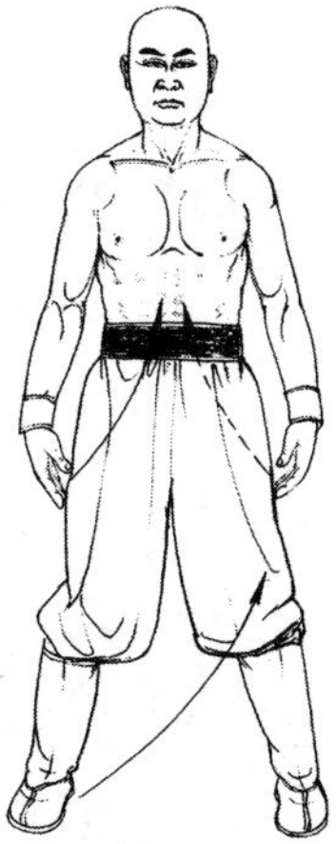

图3–87

图3–88

3. 吸气；同时，两掌上提至胸前。（图3–89）

图3–89

4. 两掌翻转，向下、向外、向后、向上分展，掌心向上；弯腰低头约45°，上身下压；同时，呼气。（图3–90、图3–91）

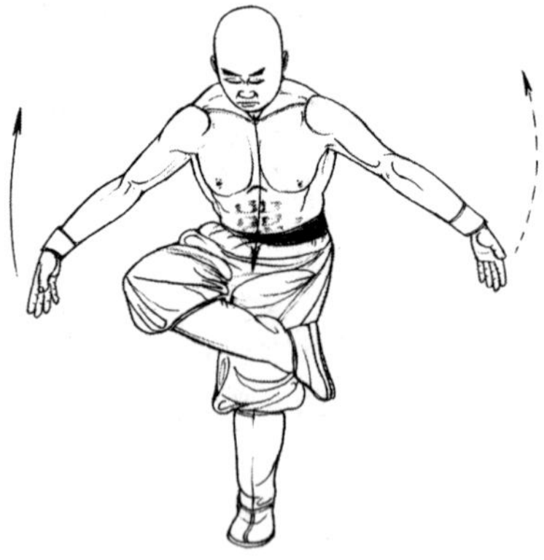

图3–90

图3–91

按上述动作，反复练习。

5. 然后，换提左脚练习。

【要点】

单腿要稳定，结合弯腰、展臂、呼气，多加练习可增强桩功与腰力。

七、金刚朝山

【练法】

1. 开步站立，两脚间距约宽于肩；两掌垂放体侧；调匀呼吸。（图3–92）

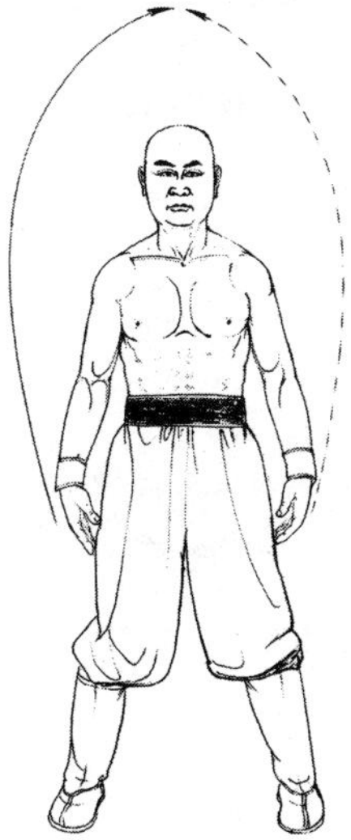

图3–92

2. 吸气；同时，两掌左右分开，弧形上举至头顶上方合十，掌心相贴，指尖向上。不停，两掌下沉至胸前；两腿弯曲成马步；此时，吸气方足。（图3–93、图3–94）

图3–93

图3–94

3. 两掌根分开，指尖相对，掌心向下，下压至小腹前；同时，呼气，（图3–95）

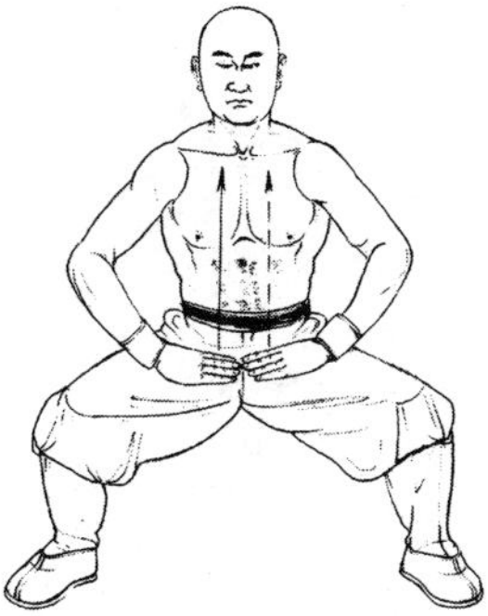

图3–95

4. 两掌翻转，掌心向上，指尖相对，提至胸前合十；同时，吸气。（图3–96、图3–97）

图3–96

图3–97

5. 两掌根分开，指尖相对，掌心向下，下压至小腹前；同时，呼气。（图3–98）

图3–98

反复练习。

【要点】

吸气匀缓，呼气有力，吞吐浮沉，周身增劲。

八、金刚倒立

【练法】

1. 双掌撑地，两脚跟靠墙倒立；自然呼吸，坚持一会。（图3–99）

2. 两臂屈肘，头顶触地；放松身体，调匀呼吸。（图3–100）

图3–99

图3–100

3. 双掌缓缓离地，合十于胸前；用头支撑全身；自然呼吸，坚持一会。（图3-101）

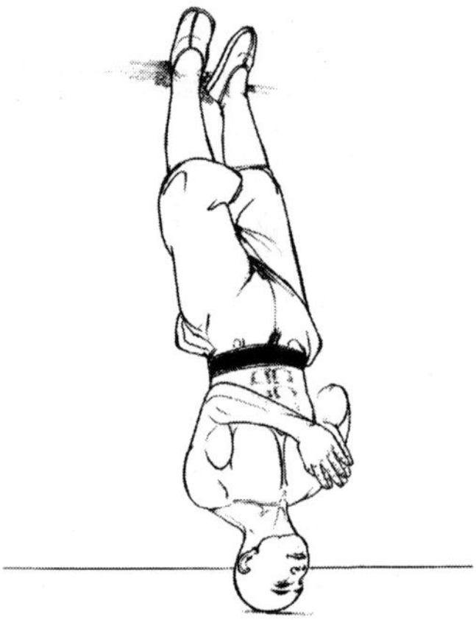

图3-101

【要点】

呼吸自然，气息和匀，颈项有力，坚持为功。

九、金刚卧地

【练法】

1. 左掌触地，直臂支撑，身体成斜形；右掌贴于右大腿侧；左脚外沿触地；右脚置于左脚前侧，右脚内弓着地；自然呼吸，坚持一会。（图3-102）

图3-102

2. 吸气；同时，左臂屈肘下沉，身体向右下翻转，右肩膀触地；左腿顺势扬起。（图3-103、图3-104）

图3-103

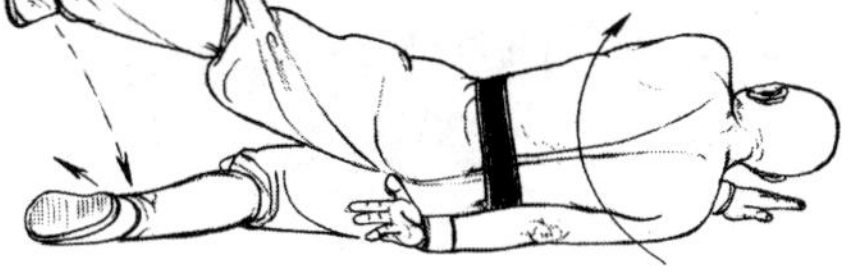

图3-104

3. 左脚落地，身体向右上翻转，左掌上撑，左臂伸直；头向右上后甩，右臂直向右上方后甩，指尖向上，掌心向后；同时，呼气。（图3-105、图3-106）

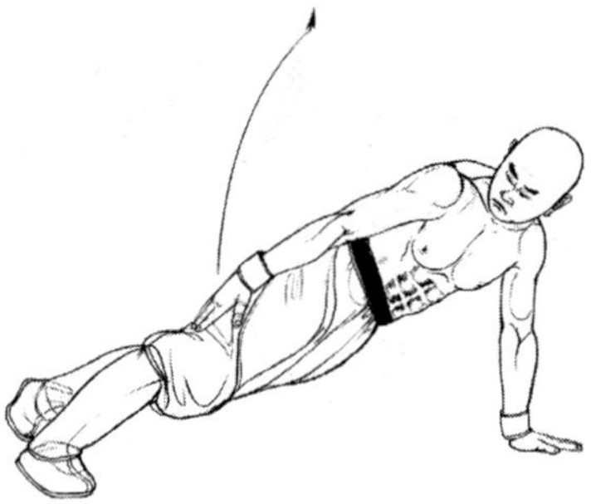

图3-105

图3-106

按上述动作，反复练习。

4. 然后，换右掌撑地练习。

【要点】

1. 注意起伏时全身各部的协调，以及呼吸的顺畅自然。

2. 此势可以很快增强手臂力量。初练时可先把动作练熟，再渐渐结合气息的吸与呼，使气力合一。

十、海底捞月

【练法】

1. 两脚开步过肩，正身直立；两掌垂放体侧；自然呼吸。（图3–107）

2. 吸气；同时，两掌经胸前向上举至头顶上方，掌心相对，指尖向上，相距比肩稍宽。（图3–108）

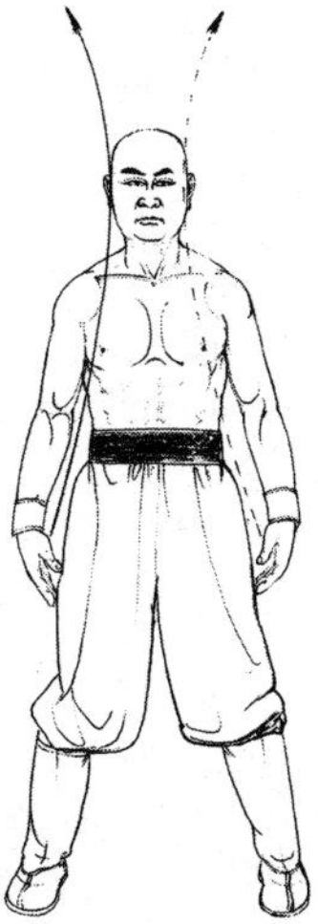

图3–107

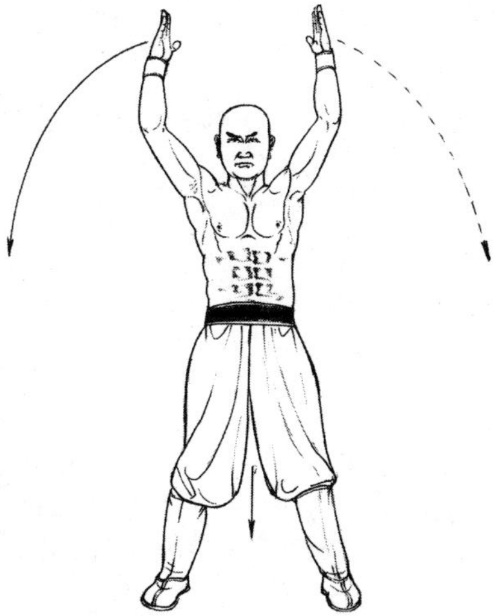

图3–108

3. 掌心外转，向身体两侧下划，至一字平肩，掌心向下；两腿下蹲，成马步；同时，呼气。（图3-109）

4. 吸气；同时，两掌向下、向里划弧，经两脚前至裆下直臂相合，指尖相对，成捞月势；上体略前倾。（图3-110）

图3-109

图3-110

5. 正起上身，两掌握拳，收抱腰间；同时，呼气。（图3–111）

6. 吸气；同时，两拳变掌，掌心向上，上提至胸前，指尖相对；两腿伸膝，立身成大开步。（图3–112）

图3–111

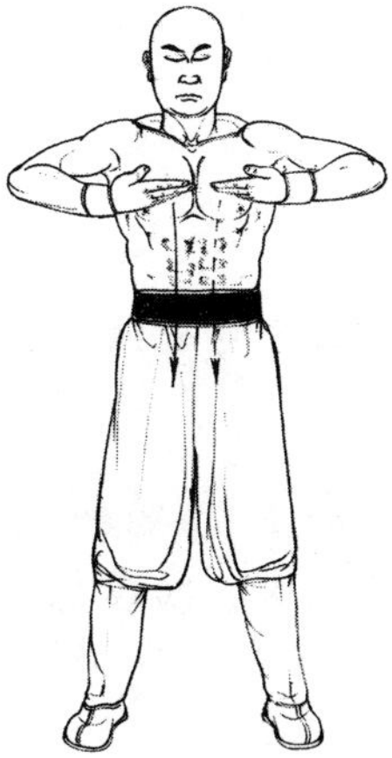

图3–112

7. 翻掌，掌心向下，向下按压至小腹前；同时，呼气。（图3-113）

图3-113

上述动作反复练习。

【要点】

松紧适度，缓缓练习，提气沉气，双手增力。

十一、金刚揉球

【练法】

1. 开步站立，两脚间距过肩；两掌垂臂；调匀呼吸。（图3–114）

2. 吸气；同时，两掌左右上提，举于头顶上方合十，双臂适屈。（图3–115）

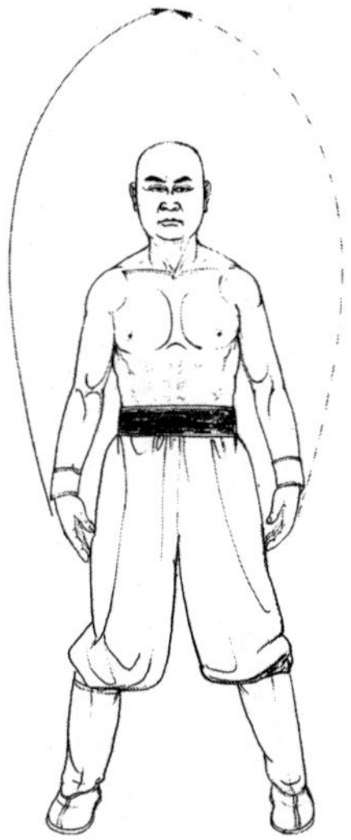

图3–114

图3–115

3. 两腿屈膝半蹲，成马步；两掌经面前下收于心窝部，十指交叉；同时，呼气。呼气完后，自然呼吸；两掌心按住心窝部，划圆揉摩，顺逆皆练，次数自定。（图3-116）

4. 两掌再下移，按住小腹部，划圆揉摩。（图3-117）

图3-116

图3-117

【要点】

精神集中，意注双掌，缓缓加力，内劲自生。

十二、金刚下凡

【练法】

1. 侧身斜卧，左前臂触地；右拳反臂屈肘，置于后腰；左脚外沿触地；右脚置于左脚前，以脚掌内弓侧触地；同时，吸气。（图3–118）

2. 吸气至满后，身体即向右下转动，右胸触地；同时，呼气。（图3–119）

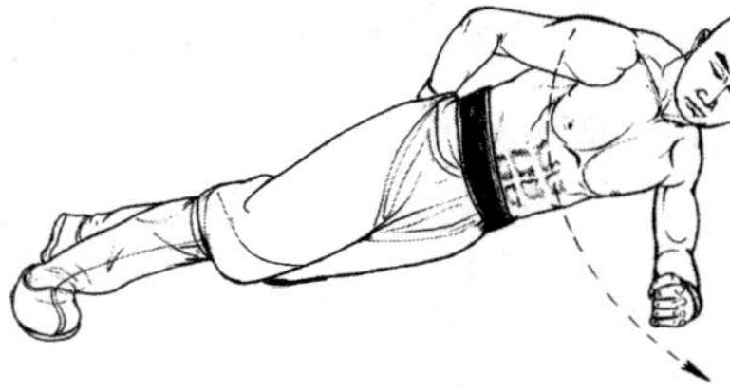

图3–118

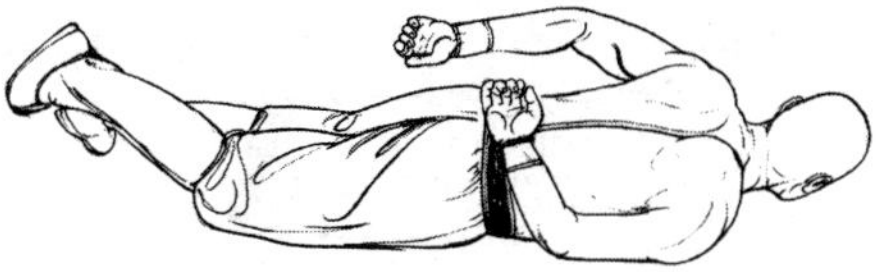

图3–119

上述动作反复练习。

3. 换做右臂触地，左胸触地。

【要点】

1. 不要过猛，缓缓下落，配合呼吸，避免内伤。

2. 呼气时，可以配合发声，如“呀”“哼”“嗨”等，以刺激精神，增强抵抗力。练者自行体会，不必拘泥。

十三、金刚朝天

【练法】

1. 仰卧于地；两掌上举，指尖向上，掌心相对；意守脊背，自然呼吸，坚持一会。（图3-120）

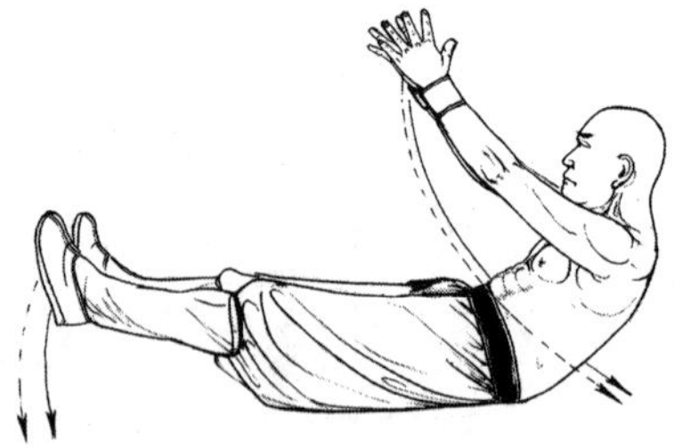

图3-120

2. 两掌下落，撑于两腰侧地面，伸臂用力，使身体悬空；同时，用鼻吸气。（图3–121）

3. 两掌离地上举，脊背摔地；同时，呼气。（图3–122）

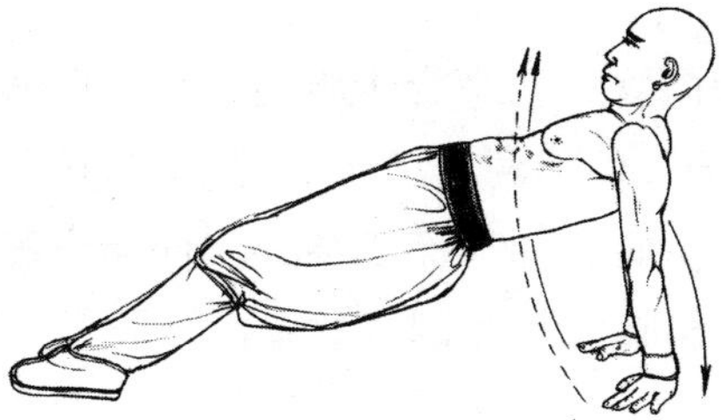

图3–121

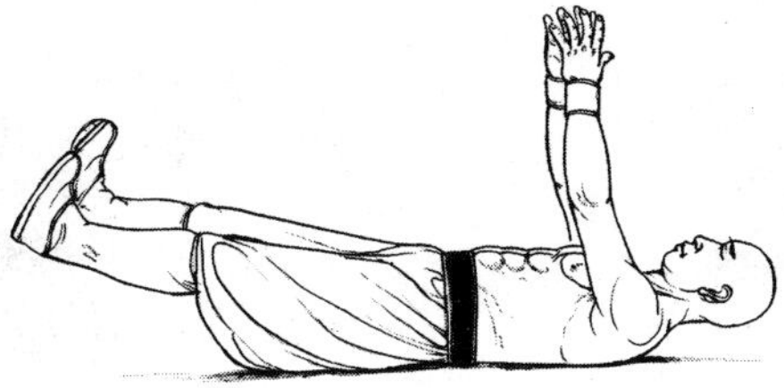

图3–122

上述动作，反复练习。

【要点】

1. 集中精神，贯注内力，内外合一，提高功力。

2. 呼气时，可配合发声。

十四、金刚倒拜

【练法】

1. 背向墙壁而立，两掌合十胸前；调匀呼吸。（图3–123）

2. 两掌分开，举于两肩上方，指尖向下，慢慢向后接触墙壁，两臂弯曲；头向后仰，面部朝天，向后弯腰，腹部挺起，以头抵住墙壁；自然呼吸。（图3–124）

图3–123

图3–124

3. 两掌合十胸前；自然呼吸，坚持为功。（图3–125）

图3–125

图3–125附图

【要点】

自然呼吸，锻炼颈项，经常练习，功力倍增。

十五、金刚扑虎

【练法】

1. 两脚并步站立，双掌合十胸前；调匀呼吸。（图3–126）

2. 身体前倾扑地，两掌按地以作缓冲，两肘弯曲，胸腹不触地；同时，呼气。（图3–127）

图3–126

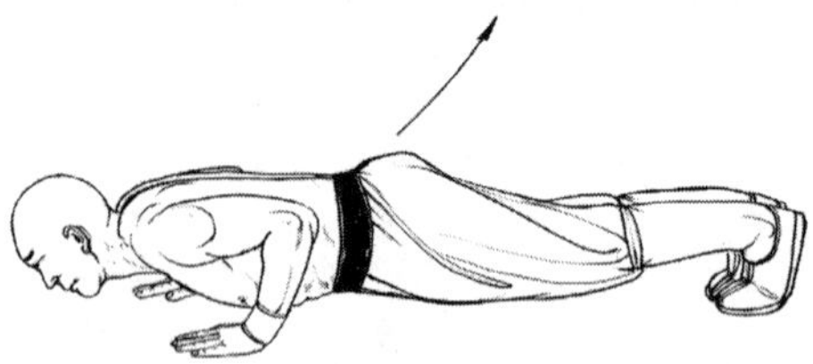

图3–127

3. 吸气；同时，两掌推力，直臂撑起。（图3–128）

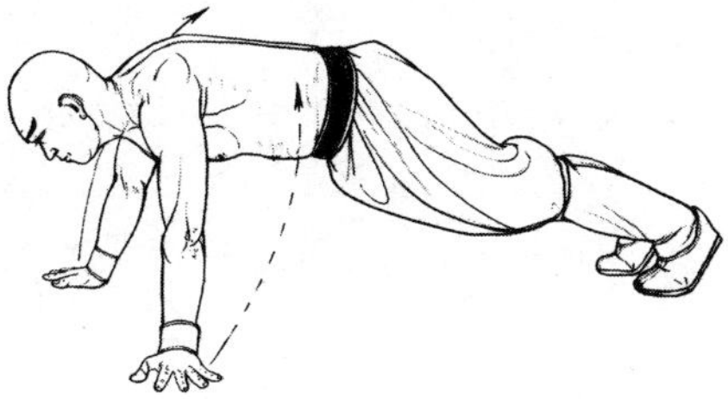

图3–128

4. 两掌用力左右平伸，以胸腹摔触地面；同时，呼气。（图3–129）

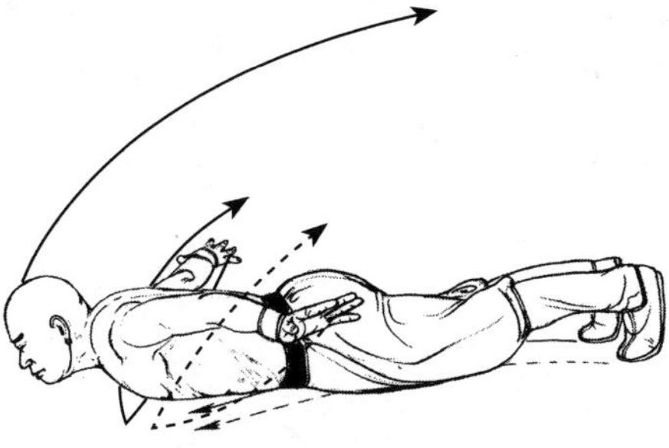

图3–129

5. 两掌撑按，两脚弹地内收，立身而起。（图3-130）

6. 两掌从体侧向上举至头顶，下落胸前合十；同时，吸气。（图3-131）

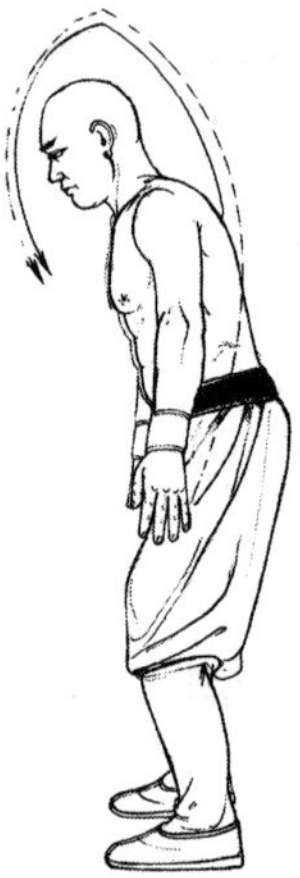

图3-130

图3-131

7. 两掌向左右展臂分开，上体前扑，以胸、腹、两掌、两臂内侧前倒触地。（图3-132）

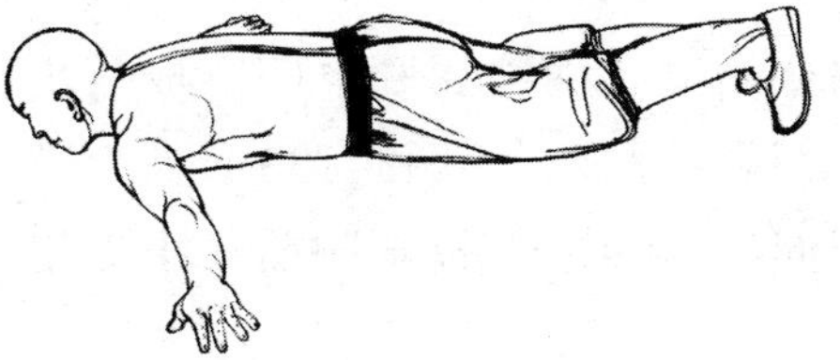

图3-132

【要点】

1. 动作千万不要过快、过猛，慢慢适应，循序渐进，必须防范震伤。初练时，可在地面铺上软垫。

2. 此势为地躺功，呼气时筋肉要紧张，贯气贯劲，以增强身体抗摔力。

3. 呼气时，可配合发声。

十六、金刚推山

【练法】

1. 面向墙壁站立，两腿屈膝下蹲，成马步；两掌抱于小腹前；集中心意，调匀呼吸。（图3–133）

2. 吸气；同时，两掌上提至胸前，指尖相对，掌心向上。（图3–134）

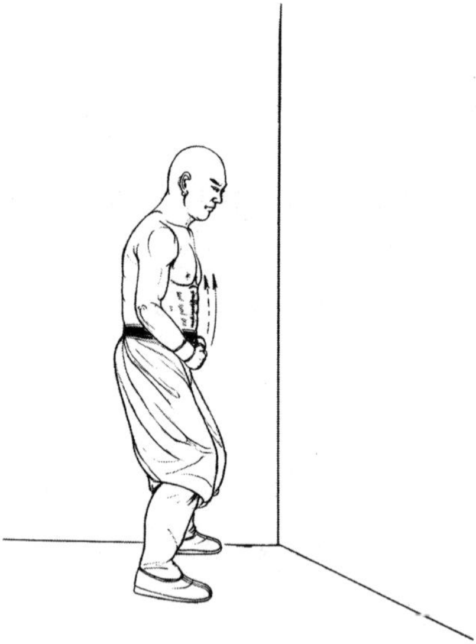

图3–133

图3–134

3. 两掌翻转，以掌根向前推触墙壁，指尖向上，掌心向前，腕高与肩平；同时，呼气。（图3–135）

图3–135

然后收掌、吸气，再发掌推墙，反复练习。

【要点】

精神贯注，以意发气，气到力到，发力震抖。功成双掌可开砖断石，力气过人。

十七、金刚观景

【练法】

1. 大开步站立，两掌垂放体侧；调匀呼吸。（图3-136）

2. 吸气；同时，俯身下蹲，两掌十指按地，两腿夹两肘。（图3-137）

图3-136

图3-137

3. 十指用力，两脚缓缓离地悬空；同时，呼气。（图3–138）

图3–138

图3–138附图

【要点】

1. 初练时，可先用双掌撑地。以意贯力，力注掌指及两臂。

2. 悬空后，争取多坚持一会，渐渐来提高功力。支持不住时，两脚落地，略作休息后再练。

十八、调息归元

【练法】

1. 两脚大开步站立，两掌垂放体侧；调匀呼吸。（图3–139）

2. 吸气；同时，两掌向前、向上举过头顶合十，指尖向上，手臂适屈。（图3–140）

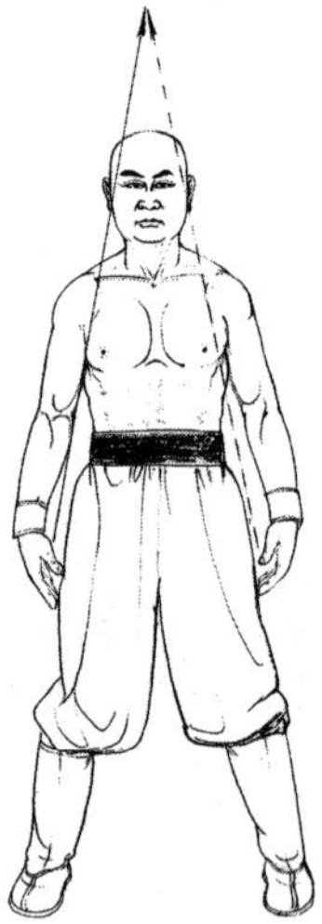

图3–139

图3–140

3. 呼气；两掌向两侧缓缓分开、下落，至与肩平时（掌心向下，指尖向外）向里划弧，于小腹前成抱球状（掌心相对，虎口向上）；同时，两腿屈膝半蹲，成马步。（图3-141、图3-142）

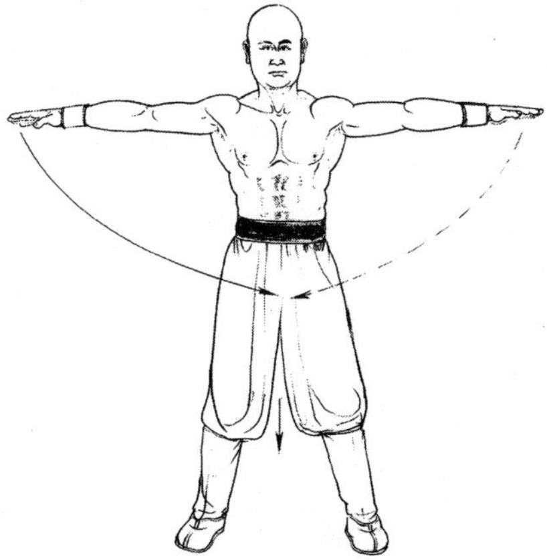

图3-141

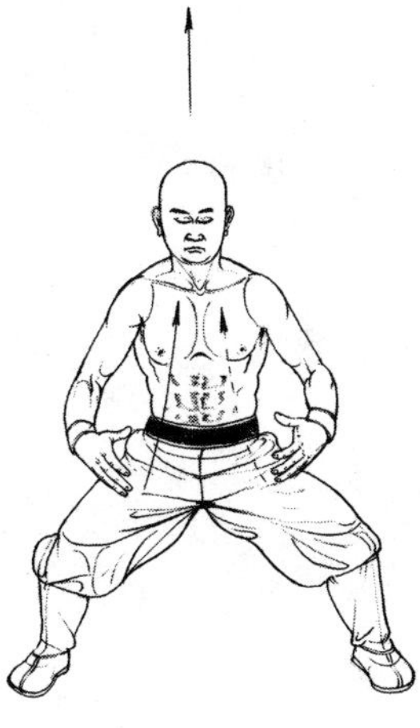

图3-142

4. 吸气；同时，两腿立起；两掌上提胸前，掌心向上，指尖相对，随即翻腕，向头顶上方伸臂托举，掌心向上，指尖相对。（图3–143、图3–144）

图3–143

图3–144

5. 呼气；两腿屈膝半蹲，成马步；同时，两掌向左右分开（掌心向外，指尖向上），约与肩平时向下、向里收掌，至两腰间抱拳。（图3–145、图3–146）

图3–145

图3–146

6. 吸气；左拳变掌，直臂后伸，向里、向后转腕180°，掌心向上，指尖向后。（图3-147）

7. 呼气；同时，左掌翻转提起，向前推出，指尖向上，掌心向前，腕高平肩。（图3-148）

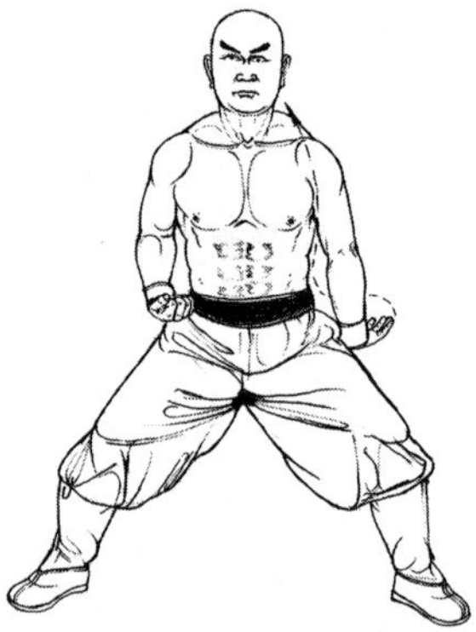

图3-147

图3-148

8. 吸气；左掌变拳，收回腰间。姿势不动，随即呼气一次。（图3–149）

9. 接着，吸气；同时，右拳变掌，直臂后伸，向里、向后转腕180° 。（图3–150）

图3–149

图3–150

10. 呼气；同时，右掌向前推出，指尖向上，掌心向前。（图3–151）

图3–151

11. 吸气；右掌成拳收腰。姿势不动，随即呼气一次。（图3-152）

图3-152

12. 接着，吸气；同时，两腿伸膝直立；两拳变掌，自腹前上提至胸，指尖相对，掌心向上。（图3-153、图3-154）

图3-153

图3-154

13. 呼气；两掌翻转，掌心向下，指尖相对，按压至小腹前。（图3–155）

上述动作反复练习几遍，即可收势。

14. 放下双掌，垂放体侧；调匀呼吸，全功收势。（图3–156）

图3–155

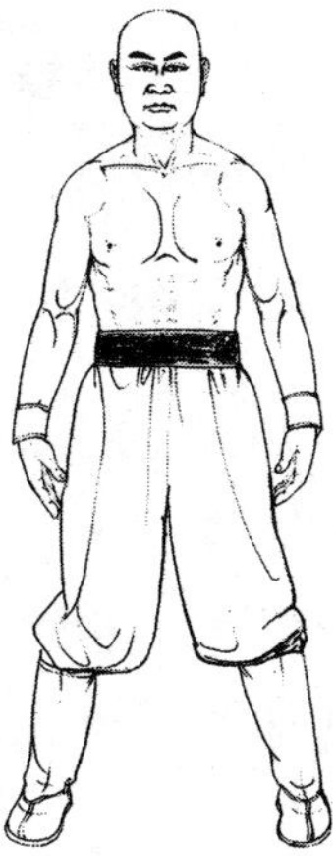

图3–156

【要点】

注意意念的贯注、呼吸的顺畅及动作的连贯，把意念、气息与动作紧密结合起来，内外相合，功效显著。

第四章

大力金刚护体硬气功

大力金刚护体硬气功，内外兼修，养运结合，软硬兼具，安全可靠，功效显著，系统全面，既可强筋壮骨，增益气力，提高体能，又可抗打抗击，甚可抗坚抗硬，因此保护身体，免遭伤损。

此功如有不求武力，想专门用于养生强身，或为理疗保健者，可以通过选练“养气功”、柔和其动作、不使用硬物、减少运动量等方式，照样可以达到想要达到的强健功效。

第一节　养气功

养气以静养为根，以温养为重，所以常用坐势，传统以盘坐为练法正宗。

两腿盘坐；右掌心抱住左掌背，两拇指尖相接，虎口成半圆状，放于小腹前（丹田）；两眼轻闭，闭唇合齿，舌抵上腭，以鼻呼吸；全身放松，排除杂念，意守丹田，一心练功。（图4-1）

图4-1

初练时，先以“平常呼吸法”，即气息的长度、深度、强度以平常为度。继通过练习，逐渐使用徐缓、深长、均细的“养气呼吸法”，其要诀为“以意引气，放松放长；细滋慢养，气足功强”。

意守丹田时，以“有意无意，似守非守，勿忘勿助，自然而然”为要则。意念不要拘执，不要散乱，才可配合呼吸，与练习呼吸一起，达到养精蓄锐、增益气力的功效。

不练时，睁开眼睛，活动几下，缓行一会，即为收功。

此功采用其他姿势也可，如端坐、站立、仰卧等，均要以自然舒适为度。练功时间，视各人情况自定，坚持为功。

第二节　壮气功

壮气功，以多种定桩姿势与运劲动作，配合气功呼吸练习，使“气与力合，力与气合”，因此增气强力，健筋壮骨，为硬功深造打下良好的内功根基。

本功以鼻呼吸，气法简单，动作精湛，易学易练，不易出偏。

一、金刚拜佛

【练法】

1. 两脚并步，正身直立；两掌垂放体侧；调匀呼吸。（图4-2）

图4-2

2. 以鼻吸气；右脚向前半步，右脚尖向前；左脚尖外展，右脚跟与左脚弓距约10厘米，成丁步站立；两掌移于右腹角前侧，两指尖相对，掌心向下。（图4-3）

图4-3

3. 当气吸足时，向下俯身，两掌心触地，按于右脚尖前；同时，以鼻呼气，至两掌触地时，呼气完毕。（图4-4）

图4-4

图4-4附图

4. 吸气；同时，起身；两掌翻腕上捞(如捞物状)，掌心向上，指尖相对，至两肋侧。（图4-5）

以上动作连做几次，然后两脚交换位置，再同样练习，次数请自定。

5. 两掌放下，垂放体侧；同时，呼气。（图4-6）

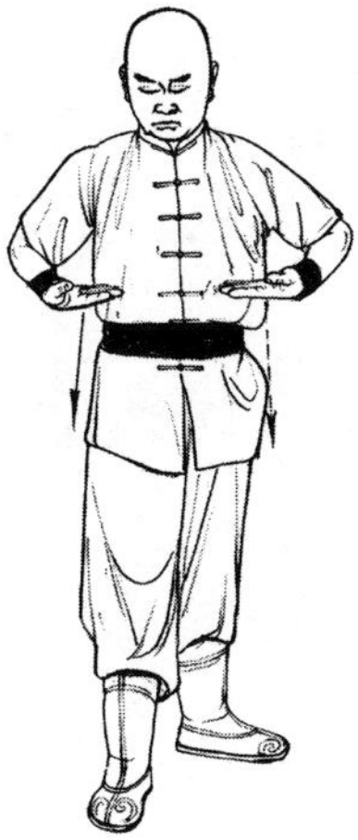

图4-5

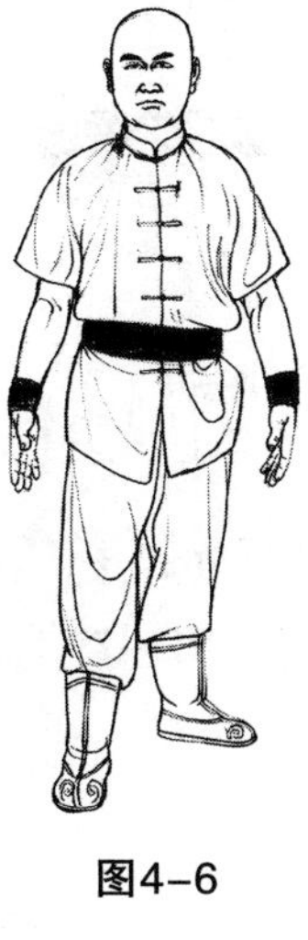

图4-6

二、金刚打躬

【练法】

1. 两脚分开，比肩稍宽，两脚尖外摆，成八字步；两掌置于小腹前，坐腕，指尖相对，掌心向下，两臂稍屈；吸气至满。（图4-7）

2. 向前俯身，两掌下按，于两脚内侧撑地，指尖相对；同时，呼气。（图4-8）

图4-7

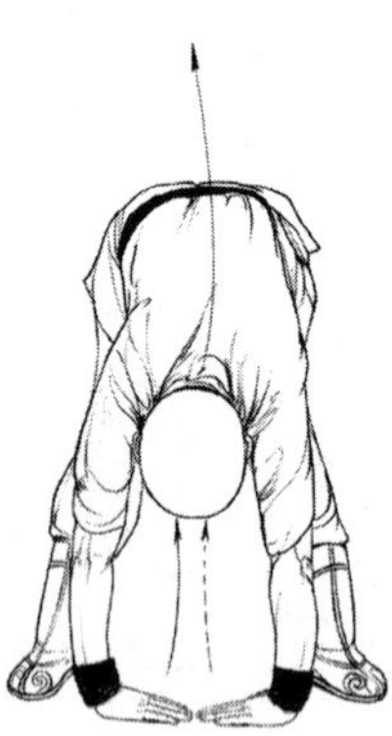

图4-8

3. 吸气；同时，起身；两掌翻腕上捞，掌心向上，指尖相对，至两肋侧。（图4-9）

以上动作反复练习。

4. 两掌放下，垂放体侧；同时，呼气。（图4-10）

图4-9

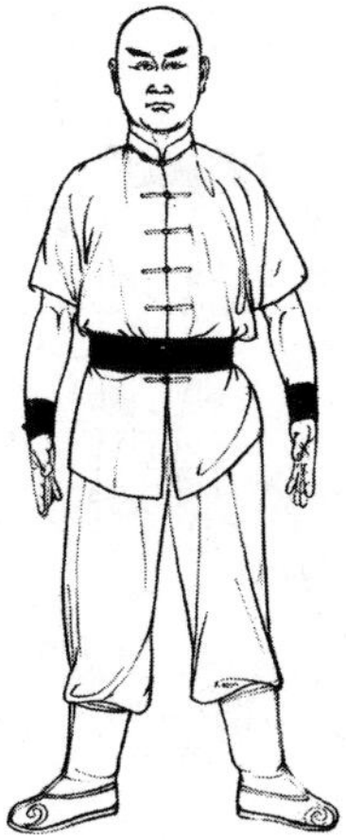

图4-10

三、气贯丹田

【练法】

1. 两脚分开，比肩稍宽，两脚尖外摆，成八字步；两掌垂放体侧；吸气至满。（图4–11）

2. 两掌内收，沿肋前上托，至胸前时向左右伸展，一字平肩，掌心向下；同时，呼气。（图4–12）

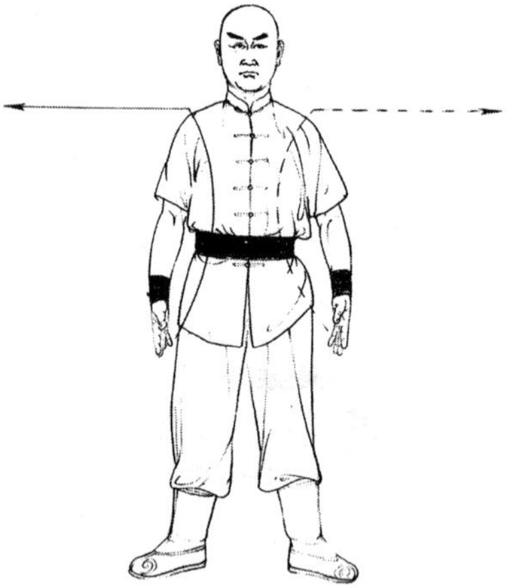

图4–11

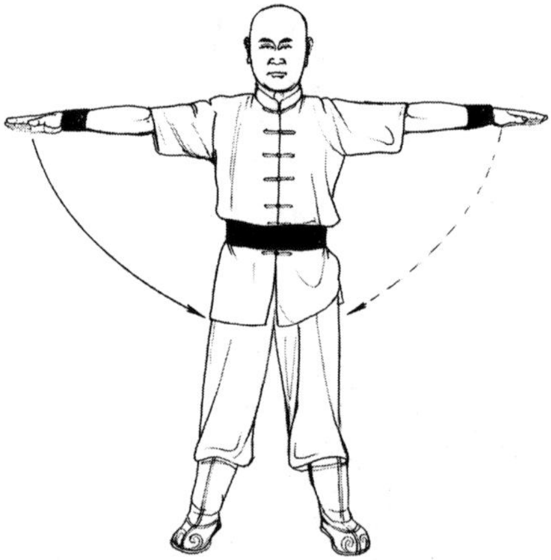

图4–12

3. 吸气；同时，两掌变爪，直臂划弧向下抓落，至两腿外侧时屈肘上捞，至两肋时停住，爪心向上，虎口向前。（图4-13、图4-14）

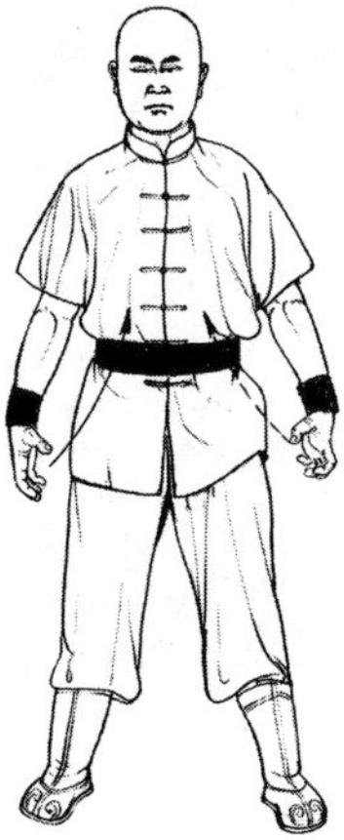

图4-13

图4-14

4. 随即，右爪变拳，以拳心击打左胸，不可用力太大，以不感疼痛为度；同时，呼气。（图4–15）

5. 左拳变爪，下落原位；同时，吸气。随即，左爪变拳，击打右胸。（图4–16）

6. 两拳击打几次，变掌垂放；调匀呼吸。（图4–17）

图4–15

图4–16

图4–17

四、金刚托天

【练法】

1. 两脚分开，比肩稍宽，两脚尖外摆，成八字步；两掌垂放体侧；吸气至满。（图4-18）

2. 两掌内收，沿肋前上托，至胸前时向左右伸展，一字平肩，掌心向下；同时，呼气。（图4-19）

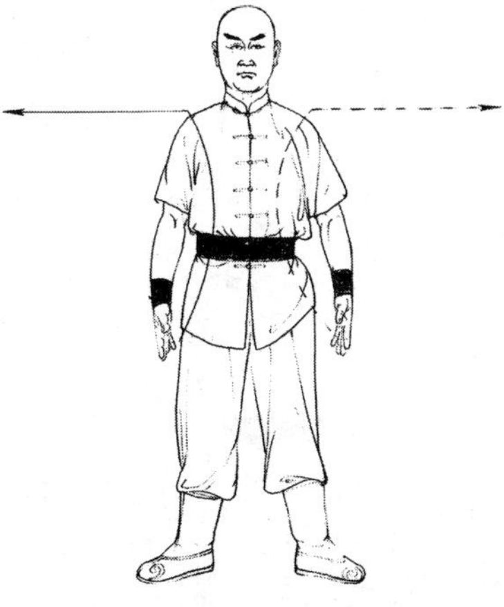

图4-18

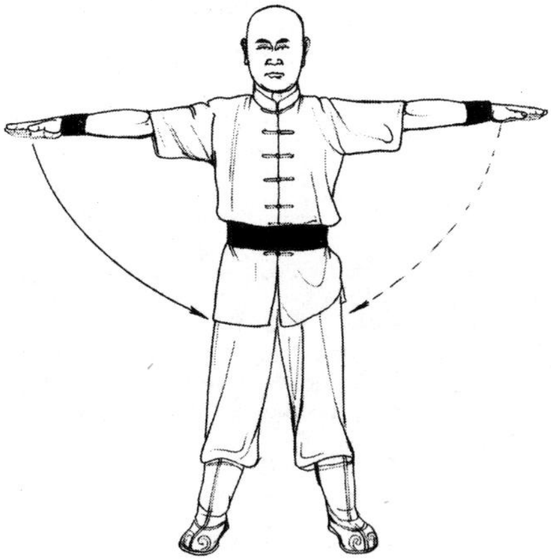

图4-19

3. 吸气；同时，两掌变爪，直臂划弧向下抓落，至两腿外侧时屈肘上捞，至胸前停住，爪心向上，虎口向前。（图4–20、图4–21）

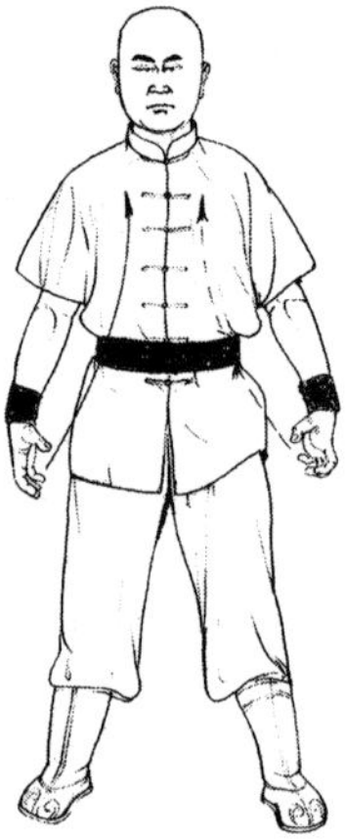

图4–20

图4–21

4. 两爪外转，变成仰掌（拇指分开，余四指并拢，掌心向上），向上托举过顶，指尖向后，两掌对肩；同时，呼气。（图4-22、图4-23）

反复练习。

5. 垂放两掌；调匀呼吸。（图4-24）

图4-22

图4-23

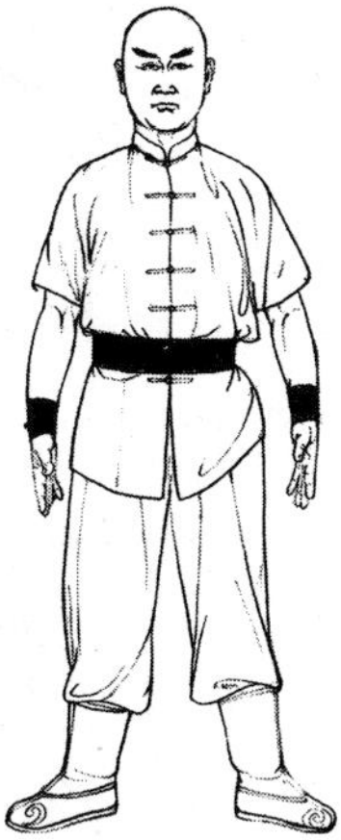

图4-24

五、金刚怒目

【练法】

1. 两脚分开，比肩稍宽，两脚尖外摆，成八字步；两掌垂放体侧；吸气至满。（图4-25）

2. 两掌内收，沿肋前上托，至胸前时向左右伸展，一字平肩，掌心向下；同时，呼气。（图4-26）

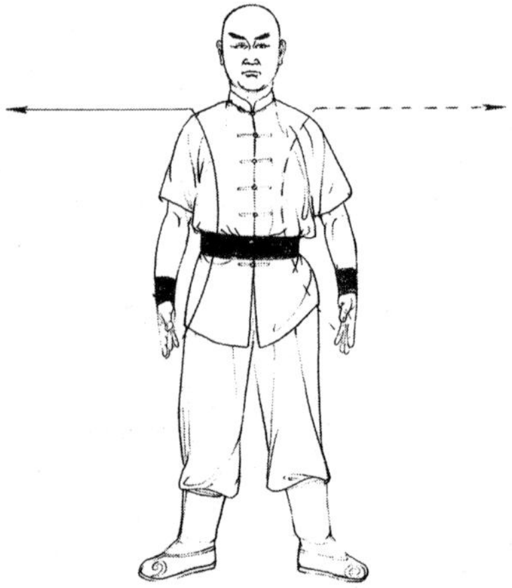

图4-25

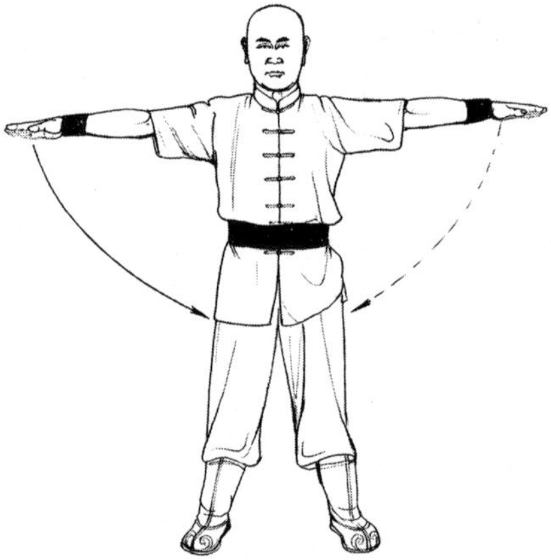

图4-26

3. 吸气；同时，两掌变爪，直臂划弧向下抓落，至两腿外侧时屈肘上捞，至胸前停住，爪心向上，虎口向前。（图4-27、图4-28）

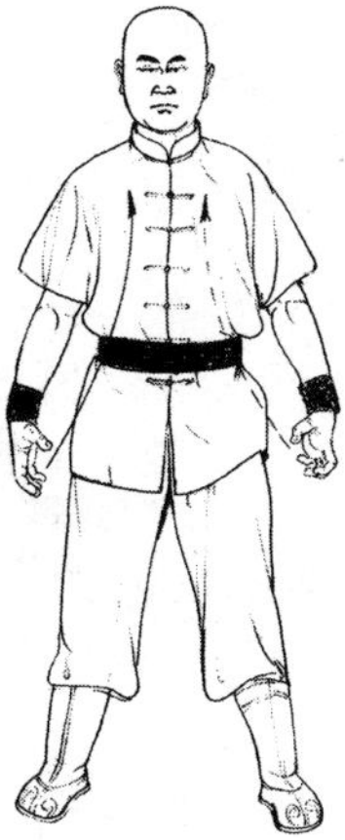

图4-27

图4-28

4. 两臂内旋，掌心相对，指尖向上，举至两耳旁为止；同时，呼气。（图4–29）

5. 姿势不动，把气吸满，随即闭气（不要硬憋，自然为要）；同时，炯起两眼，感觉精光透射，力量倍增（初练时只瞪眼即可，练久了，再把眼睛缓缓转动左右几圈)。（图4–30）

6. 呼气；合目，垂掌。放松身体，调匀呼吸。（图4–31）

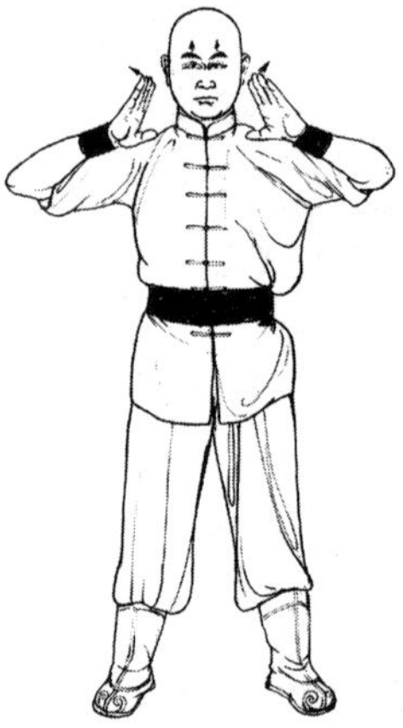

图4–29

图4–30

图4–31

六、金刚抱虎

【练法】

1. 两腿分开，成外“八”字步；两掌左右伸出，略低于肩，掌心向前；吸气至满。（图4-32）

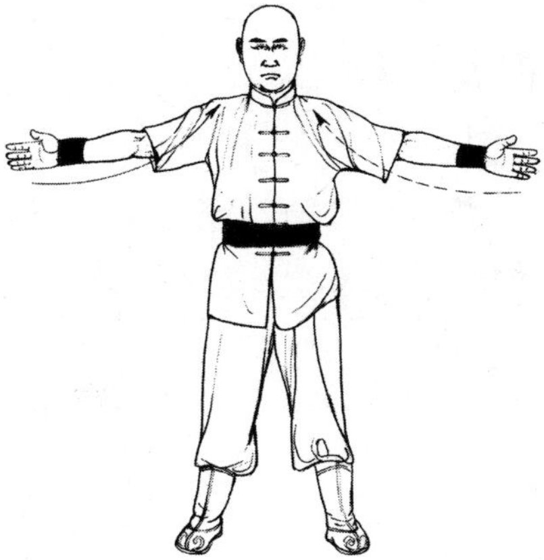

图4-32

2. 呼气；同时，两掌变爪，直臂向里、向前、向上划弧，爪高同肩，两臂平行，爪心相对。（图4-33）

图4-33

图4-33附图

3. 翻腕使爪心向后，随即两爪一起屈肘，向里、向下、向后转腕抓落，至两大腿前侧时止，爪心斜向下，虎口向里；此时气已吸满。（图4-34、图4-35）

图4-34

图4-34附图

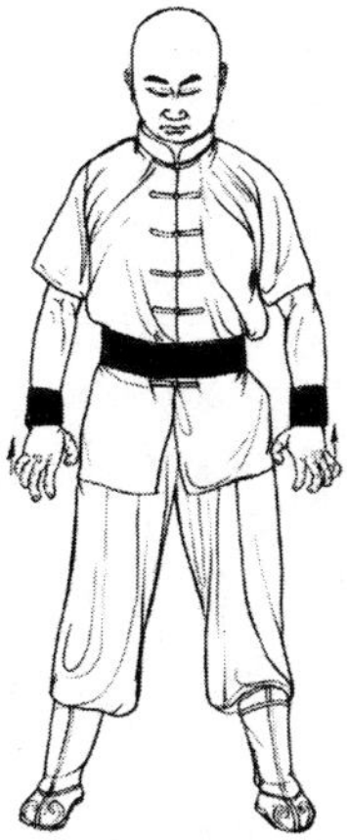

图4-35

4. 两爪向后猛力伸直击出，爪心向后；同时，口发“嗨”声。（图4–36）

图4–36

图4–36附图

随即快速吸气一次，两爪前收；接着再发力后击，呼气发声。多练几次，以增强双爪功劲。

5. 感觉累了，调匀呼吸；两爪变掌，垂放体侧。（图4–37）

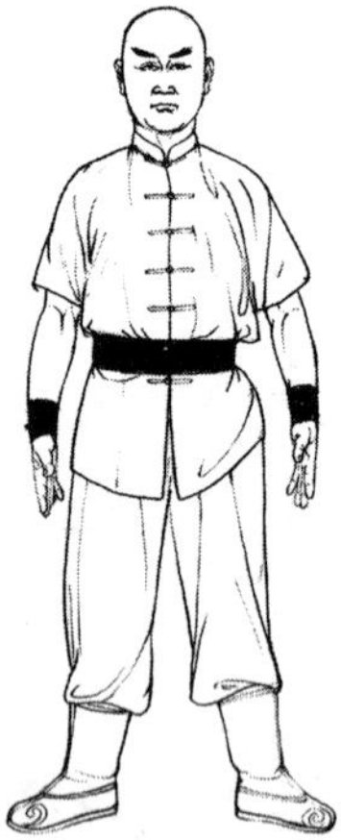

图4–37

七、金刚挥杵

【练法】

1. 左脚向前半步，脚尖向前，右脚尖外摆，成丁步；左掌屈肘置于左肋下，掌心向上；右掌向右平伸，掌心向上，高约平肩；吸气至满。（图4-38）

2. 右掌向里、向下划弧拍打左肋，掌心向里；同时，呼气。（图4-39）

图4-38

图4-39

3. 吸气；右掌下落按于左掌，两掌掌心相合，指尖反向。（图4-40）

4. 随即，右掌变仰掌，向右横向挥出，高约平肩，掌心向上，虎口向后；同时，口发“嗨”声。（图4-41）

图4-40

图4-41

5. 以上动作连做几次，然后，两脚交换位置，换左掌练习。

6. 练毕，垂掌体侧，调匀呼吸。（图4-42）

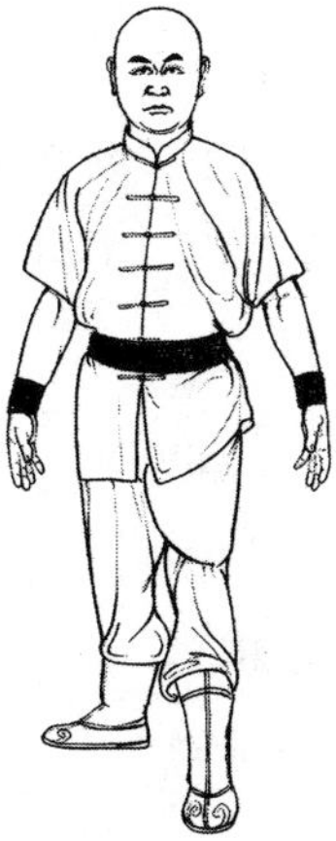

图4-42

八、金刚踢炉

【练法】

1. 两腿分开，成外八字步；两掌左右平伸，一字平肩，掌心向下；把气吸满。（图4–43）

2. 两掌屈指变爪，直臂向下划弧抓落，至两腿外侧，爪心向里，虎口向前；同时，呼气。（图4–44）

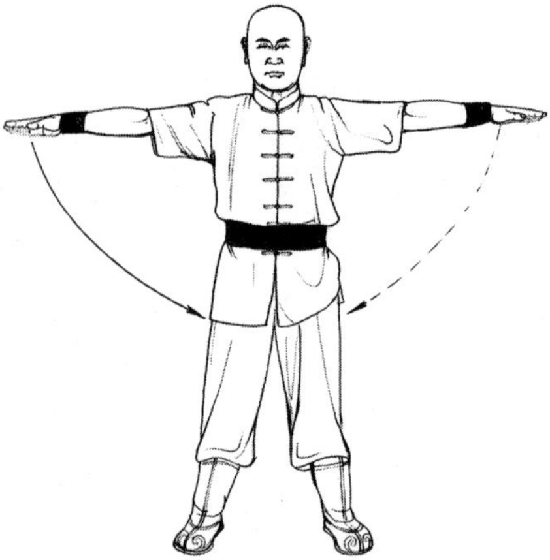

图4–43

图4–44

3. 吸气；同时，两爪变掌稍转（指尖向下，掌心向后），随即，右掌向左掌靠拢，置于左大腿外侧，两指尖向下，掌心斜相对；上体右旋，提右脚于左膝内侧。（图4-45、图4-46）

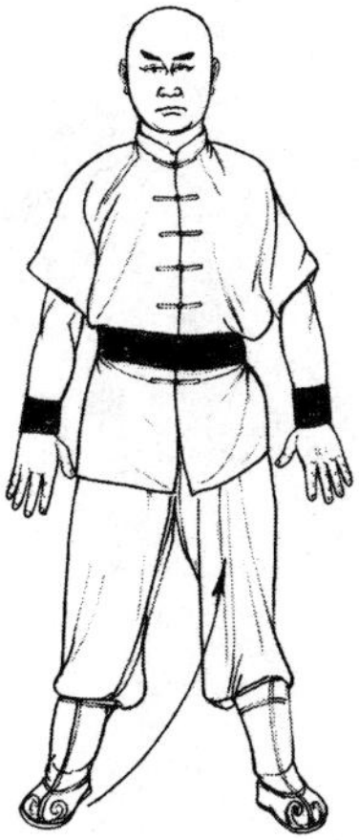

图4-45

图4-46

图4-46附图

4. 右脚以脚外棱发力，斜向右前方踹出，右脚跟约与左膝平；同时，口发“嗨”声。（图4-47）

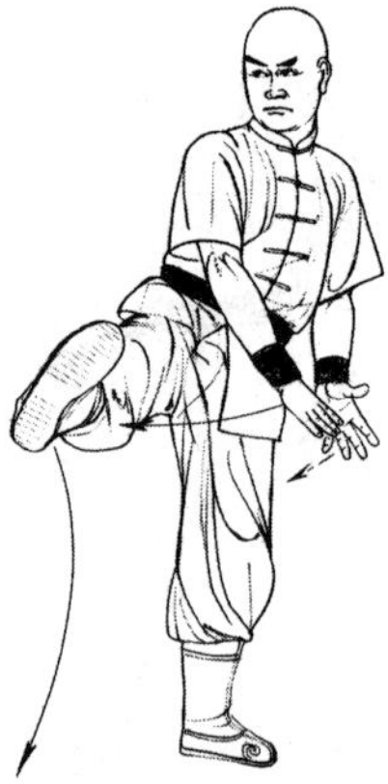

图4-47

5. 以上动作连做几次，接着换左脚练习。

6. 收脚，垂掌，调息，收功。

九、石担功

石担功是传统经典功法，练之可以巩固、提高诸功功效，并可整合周身诸部功力。

【用具】

备一个石担（杠铃也可），其重量以双手可轻易提起为度。（图4-48）

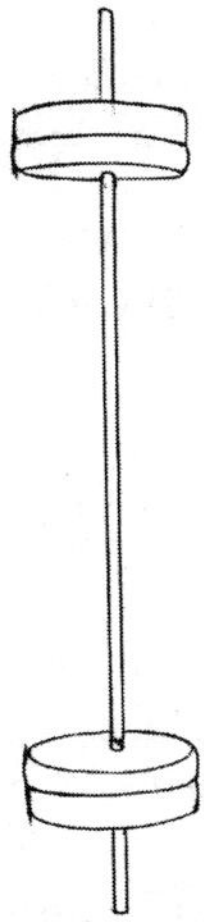

图4-48

【方法】

1. 扎紧腰带，正对石担，双脚分开，比肩稍宽。（图4-49）

2. 弯腰，握紧石担，掌心向上；以鼻吸气至满。（图4-50）

图4-49

图4-50

3. 随即，闭气；紧咬牙关，全身用力，上身挺直，将石担慢慢提起，手与肩平。（图4-51）

4. 慢慢放下石担；同时，呼气，放松。（图4-52、图4-53）

图4-51

图4-52

图4-53

重复练习，力疲即止。

此法练功的关键在于闭气，闭气要自然，不可强憋硬闷。动作宜缓慢，次数自定，以能适应为度，不可过于用力蛮练。

第三节　排打功

排打功，是护体硬气功的重要功法，不可或缺。

排打功，就是用手或使用砂袋、砖块、木棒等练功工具，有序、全面地打击身体多部，或用身体的某部反复击打硬物，主要用来增强抗打能力，不畏痛楚、不惧拳脚，是一种独特的武术硬功。

经常练习排打，有很多功用。在技击对抗时，敌虽重拳重腿，我可从容承接，敌难伤我。平时遇着磕碰跌扑，全身坚实，就不易受伤。还可用来保健养生，提神贯气，通经活络，强壮脏腑，去滞化瘀等。

有歌曰：“排打功，强身功，脏腑健，经络通。排打功，日常功，抗跌碰，少疼痛。排打功，硬气功，不怕打，自称雄。”

一、腹部排打功

【练法】

1. 外“八”字步站立，两掌垂放体侧；调匀呼吸，集中精神。（图4–54）

2. 吸气，气沉腹部；两拳提至胯外。（图4–55）

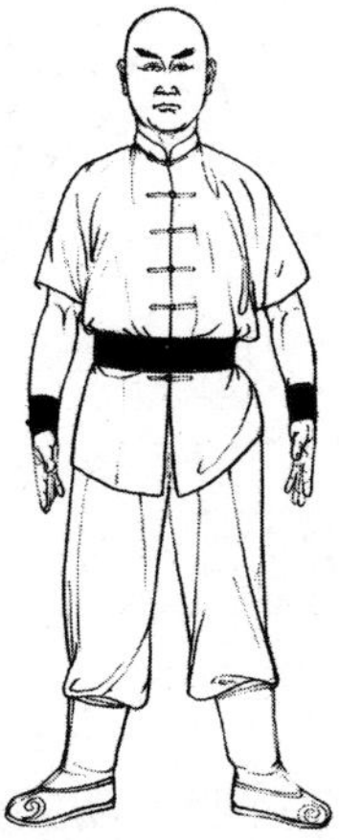

图4–54

图4–55

3. 用右拳排打腹部；同时，呼气。（图4-56）

4. 左拳打腹。（图4-57）

图4-56

图4-57

注：排打功的呼吸较快。初练时，以鼻呼吸；功夫进展了，打击时可以配合发声，如“哼”“嗨”等音。

二、胸部排打功

【练法】

1. 吸气，提气上胸。
2. 右拳打左胸；呼气。（图4–58）
3. 左拳打右胸。（图4–59）

图4–58

图4–59

三、腰部排打功

【练法】

1. 吸气，气注于腰。

2. 呼气；身体稍前倾，右拳打腰部。注意，排打肾区时应轻些。（图4-60）

3. 左拳打腰。(图4-61）

图4-60

图4-61

四、背部排打功

【练法】

1. 吸气，提气贯背。

2. 以背撞墙；呼气。（图4–62）

图4–62

五、两肋排打功

【练法】

1. 吸气，气注两肋。

2. 右拳打左肋；呼气。（图4-63）

3. 左拳打右肋。（图4-64）

图4-63

图4-64

六、铁头功

【练法】

1. 两脚并立，离墙约半米；以头抵墙；吸气，提气贯顶。（图4-65）

图4-65

2. 呼气；头向前冲，意想头顶穿墙；双手下插，协势助力。如法练习几分钟。（图4-66）

3. 弓步站立；吸气，贯气至顶。随即，右掌排打头顶；呼气。（图4-67）

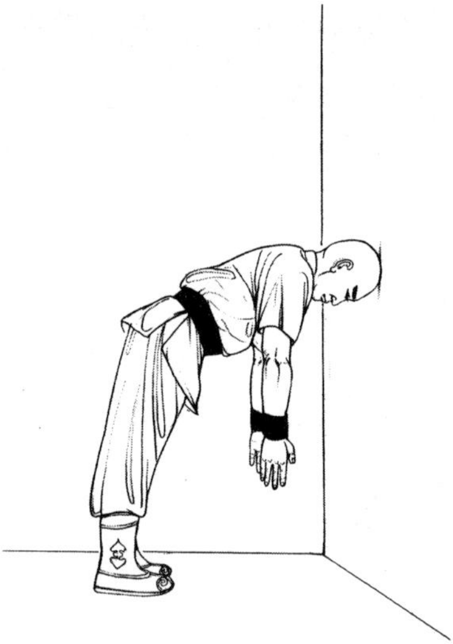

图4-66

图4-67

七、铁喉功

【练法】

1. 弓步站立；食指向后抵住喉头下之天突穴（凹陷处）；吸气，贯气至喉。呼气；喉向前趋，指向后顶，两相较力。如法练习。（图4–68）

图4–68

2. 有一定基础后，换用筷子抵喉；一手按紧筷头，一掌助力。练如上法。（图4-69）

3. 改用长棍抵喉。练如上法。（图4-70）

图4-69

图4-70

注：此功是传统秘典，但练时一定要极慎，因咽喉为要害部位，要坚决避免意外之害，读者谨记！

八、铁拳功

【练法】

1. 前趴；两拳面拄地，两肘弯曲，拳眼向前；吸气。（图4-71）

2. 双拳撑身而起；呼气，意想大力冲地而下（可以增劲）。（图4-72）

图4-71

图4-72

3. 继之，以双拳击打沙袋、砖石块、墙壁、铁板等硬物，“练就铁拳敌胆寒”。

九、铁臂功

【练法】

1. 吸气，运气于臂。

2. 以前臂发力鞭击树干等，同时呼气。（图4–73）

图4–73

十、铁腿功

【练法】

1. 吸气，运气于腿。

2. 右掌排打左腿；呼气。（图4-74）

3. 左掌排打左腿。（图4-75）

图4-74

图4-75

4. 继打右腿。

5. 以脚掌猛力踹击墙壁或大树等。（图4–76）

图4–76

【护体硬气功总要提示】

1. 要选择空气清新、环境安静的地方练功，以免分心，影响效果。本功消耗体力较大，应注意良好营养与充足睡眠。

2. 一般情况，吸气时，全身舒松，蓄劲藏力；呼气时，全身紧张，贯力或发劲。

3. 练习中有分动时，不可停顿，并且不要影响呼吸，必须一气呵成。

4. 呼与吸，要自然顺遂，不可刻意或拘执。如果练习时，动作与呼吸不协调了，可以通过放慢速度调节，平常要多加练习，自会无碍。

5. 养气功与壮气功，主练气息，旨在补充与提高人体体能，引导与激发人体潜力，是练就高级硬功的重要环节。一般正常练功，一个月即感呼吸有力，体能大增。

6. 初练壮气功时，可能会出现筋肌酸痛、气息不匀、偶尔气闷、乏力疲倦、面红耳赤、局部痒麻胀等现象，一般都是练功的正常反应。学者若严格按练功方法与要求，不会出偏，并要仔细体悟，不可过快、过猛，不可擅自改变练法，如有特别异常的身体反应，应及时停练，向专家请教，或及时检查身体。

7. 练习排打功，更要按法慎行，集中精神，配合呼吸，循序渐进；千万不可一上手就急打、强打、胡打，否则必然有损身体。